数字商品、劳动与资本：
经济管理新视角

陈佳伟 ◎著

中国书籍出版社
China Book Press

图书在版编目（CIP）数据

数字商品、劳动与资本：经济管理新视角 / 陈佳伟著. -- 北京：中国书籍出版社, 2024. 11. -- ISBN 978-7-5241-0012-6
Ⅰ. F49
中国国家版本馆 CIP 数据核字第 20242L13T7 号

数字商品、劳动与资本：经济管理新视角

陈佳伟 著

图书策划	邹　浩
责任编辑	毕　磊
责任印制	孙马飞　马　芝
封面设计	博健时代
出版发行	中国书籍出版社
地　　址	北京市丰台区三路居路 97 号（邮编：100073）
电　　话	（010）52257143（总编室）　　（010）52257140（发行部）
电子邮箱	eo@chinabp.com.cn
经　　销	全国新华书店
印　　厂	廊坊市博林印务有限公司
开　　本	710毫米×1000毫米　1/16
印　　张	12.5
字　　数	222千字
版　　次	2025 年 4 月第 1 版
印　　次	2025 年 4 月第 1 次印刷
书　　号	ISBN 978-7-5241-0012-6
定　　价	78.00元

版权所有　翻印必究

前　言

在 21 世纪，数字技术的迅猛发展和广泛应用深刻改变了人类的生产生活方式，推动了全球经济形态的转型升级。互联网、大数据、人工智能、区块链等新一代信息技术的兴起，不仅催生了众多新兴产业，还对传统产业进行了深度改造，形成了以数字商品为核心的数字经济。数字经济不仅成为推动经济增长的新引擎，也在全球范围内引发了深远的经济、社会变革，数字商品的概念应运而生，涵盖了软件、数字内容、在线服务等多种形式。这些商品凭借其无形性、可复制性和低边际成本等特征，逐渐取代了部分传统商品，改变了市场供需关系和商业模式。同时数字商品的生产、分配和消费过程也呈现出显著的差异化特征，对市场结构、产业链以及竞争格局产生了深远影响。伴随数字商品的发展，数字劳动也应运而生，数字劳动是指劳动者利用数字技术进行的工作，如远程办公、平台工作、自由职业等。这种新型劳动形式在带来灵活性和高效性的同时也面临着就业保障、劳动权益保护、技能需求变化等一系列挑战，数字资本的出现和运作是数字经济的重要组成部分。数字资本的高流动性、信息驱动、技术依赖和创新导向等特征，使其在资本市场上展现出强大的活力和潜力。数字资本的形成和运作过程不仅影响了传统资本市场的结构和机制，也对技术创新和产业升级起到了积极的推动作用。

研究数字商品、劳动与资本在数字经济中的表现和特征，具有重要的理论和现实意义，一是在理论层面，有助于深化对数字经济的认识和理解，数字商品、劳动与资本是数字经济的核心要素，通过对这些要素的深入研究，可以揭示数字经济的内在规律和发展趋势，为构建系统、全面的数字经济理论体系提供科学依据。二是在实践层面，对推动数字经济的健康发展具有重要意义，随着数字技术的不断进步，数字商品、劳动与资本的影响力不断扩大，其带来的机遇和挑战也日益显现，通过研究这些要素的特征和运作机制，可以为政府制定科学合理的数字经济政策提供参考，为企业在数字经济环境中谋求发展提供指导，为劳动者在数字经济中实现自身价值提供帮助。此外，还具有重要的社会意义，数字经济不仅改变了经济结构和发展方式,还对社会结构和社会关系产生了深远影响。通过研究数字商品、劳动与资本,可以为社会各界更好地应对数字经济带来的变化和挑战、促进社会的和谐发展提供理论支持和实践指导。

  本书旨在系统研究数字商品、劳动与资本在数字经济中的表现、特征和相互关系,具体包括以下方面:界定数字商品的基本概念与特征,揭示其与传统商品的区别;分析数字劳动的转型与挑战,探讨其与传统劳动的不同;探讨数字资本的形成与运作,分析其高流动性、信息驱动等特征;研究数字经济中的劳动关系及其对劳动市场的影响;探讨数字经济的管理与政策,分析未来发展趋势;研究数字经济中的伦理与社会责任,探讨可持续发展及未来挑战。

目 录

第一章 数字商品的概念界定与特征 ………………………… 1

- 第一节 数字商品的基本内涵 ………………………………… 1
- 第二节 数字商品的特征 ……………………………………… 7
- 第三节 数字商品的生产与分配 ……………………………… 15
- 第四节 数字商品的市场与产业 ……………………………… 25

第二章 数字劳动的转型与挑战 ………………………………… 32

- 第一节 数字劳动的含义与形式 ……………………………… 32
- 第二节 数字劳动的特征 ……………………………………… 38
- 第三节 数字劳动的转型 ……………………………………… 45
- 第四节 数字劳动面临的挑战 ………………………………… 52

第三章 数字资本的形成与运作 ………………………………… 61

- 第一节 数字资本的概念与主要形式 ………………………… 61
- 第二节 数字资本的特征 ……………………………………… 68
- 第三节 数字资本的形成 ……………………………………… 76
- 第四节 数字资本的运作 ……………………………………… 82

第四章 数字经济中的劳动关系 ………………………………… 92

- 第一节 数字经济的背景与发展 ……………………………… 92
- 第二节 数字经济中的劳动关系 ……………………………… 96
- 第三节 数字经济中的就业形式 ……………………………… 105
- 第四节 数字经济对劳动市场的影响 ………………………… 114

第五章　数字经济的管理与政策 ········· 123

第一节　数字经济管理的基本理论 ········· 123
第二节　数字经济管理的实践 ········· 130
第三节　数字经济的政策体系 ········· 139
第四节　数字经济的未来发展 ········· 150

第六章　数字经济中的伦理与社会责任 ········· 157

第一节　数字经济的伦理问题 ········· 157
第二节　数字经济的社会责任 ········· 164
第三节　数字经济的可持续发展 ········· 172
第四节　数字经济的未来挑战 ········· 180

结　　语 ········· 188

参考文献 ········· 190

第一章 数字商品的概念界定与特征

第一节 数字商品的基本内涵

一、数字商品的概念阐述

随着信息技术的飞速发展,数字商品在现代经济中的地位日益重要。数字商品不仅改变了传统商品的生产和分配方式,还重新定义了市场竞争和消费者行为。为了更好地理解数字商品,需要明确其概念,并探讨其特点和影响。

(一)数字商品的定义

数字商品,顾名思义,是以数字形式存在并通过互联网或其他电子手段传输和使用的商品。数字商品的一个显著特点是其无形性,它不同于传统的实物商品,不具有物理形态。例如电子书、音乐文件、软件、在线视频等都是典型的数字商品。数字商品的定义不仅包括这些数字化的内容,还涵盖了数字化服务,如在线教育、云计算服务等[①]。一是数字商品的定义强调了其信息属性,数字商品实际上是信息的载体,通过特定的编码和格式储存在电子设备中,并通过网络进行传输和分享。与传统商品不同,数字商品的价值在于其信息内容和传递效率,而非其物理属性。二是数字商品的定义还突出了其复制性,数字商品可以通过简单的复制操作进行大规模生产,而复制的边际成本几乎为零。这种特点使得数字商品具有很强的扩展性,可以迅速传播到全球各地,满足不同消费者的需求。三是数字商品的定义包括了其互动性,现代数字商品不仅是被动消费的对象,许多

---

① 王晶晶,焦勇,江三良. 中国八大综合经济区技术进步方向的区域差异与动态演进:1978—2017[J]. 数量经济技术经济研究,2021,038(004):3-21.

数字商品还允许消费者进行互动和定制。例如社交媒体平台、在线游戏等，用户可以通过互动参与其中，甚至创造新的内容。

（二）数字商品的独特性

数字商品与传统商品有着本质上的区别，这些区别使得数字商品在市场上具有独特的竞争优势。一是数字商品具有无形性。这意味着它们不占用物理空间，不需要存储和运输，这大大降低了生产和分配的成本。同时无形性也使得数字商品可以在短时间内通过网络迅速传递到世界各地。二是数字商品的可复制性是其重要的特点之一，传统商品的生产往往需要大量的原材料和劳动，而数字商品一旦生产出来，就可以通过简单的复制操作进行大规模的生产和分发。复制的边际成本几乎为零，使得数字商品具有很高的利润率。三是数字商品的互动性使得消费者可以参与商品的生产和改进过程。例如许多在线平台允许用户上传和分享自己的内容，这不仅丰富了平台的内容，还提高了用户的参与度和忠诚度。

（三）数字商品的经济影响

数字商品在经济中的影响是多方面的。数字商品推动了信息经济的发展。在信息经济中，信息和知识成为最重要的资源，数字商品作为信息的载体，其生产和分配方式对经济产生了深远的影响。一是数字商品促进了全球化，由于数字商品可以通过互联网迅速传播到世界各地，全球各地的消费者都可以平等地获取这些商品。这不仅打破了地域限制，还促进了全球市场的一体化[1]。二是数字商品改变了传统的商业模式。许多企业通过提供数字商品或相关服务，创建了新的商业模式。例如许多软件公司通过订阅服务而不是一次性销售来获取收益，这种商业模式不仅保证了持续的收入来源，还增强了与客户的长期关系。三是数字商品对劳动市场产生了影响，随着数字商品的普及，许多传统行业的工作岗位被数字化取代，同时也创造了许多新的工作机会。例如数字内容的创作和管理、网络安全、数据分析等新兴职业应运而生。

---

[1] 陆晓光.《资本论》的讽喻——以《文心雕龙》"比兴"说为参照 [J]. 语文学刊, 2020, 40 (3): 9.

数字商品作为一种新型的商品形式，其定义、独特性和经济影响在现代经济中具有重要的地位。通过理解数字商品的概念，可以更好地把握其在市场中的表现和未来的发展趋势。

二、数字商品的类型

数字商品在现代经济中已经成为不可或缺的一部分。随着科技的不断进步，数字商品的种类也在不断增加和演变。理解数字商品的类型对于企业制定市场策略和消费者选择产品具有重要意义。以下详细探讨数字商品的主要类型及其特点，以便读者能更全面地了解这一领域。

（一）内容型数字商品

内容型数字商品是最常见的数字商品之一，主要包括电子书、音乐、电影、视频、新闻、软件等。这些商品的核心在于其所包含的信息内容，而非其物理载体。一是内容型数字商品具有广泛的受众基础，因为它们满足了人们对娱乐、知识和信息的需求。例如电子书让读者可以随时随地阅读各种书籍，而不受时间和空间的限制。音乐和电影通过流媒体服务平台提供给全球用户，使得高质量的娱乐内容可以快速传递和消费。二是内容型数字商品的制作和分发成本相对较低。一次制作完成后，可以通过网络无限复制和分发，边际成本几乎为零。这使得内容型数字商品具有很高的盈利潜力，并且能够迅速占领市场。例如一部成功的电影或一本畅销书可以在短时间内吸引大量用户，带来巨大的经济收益。三是内容型数字商品的互动性和个性化特点日益显著。现代的内容型数字商品不仅是单向传播的信息，还可以根据用户的反馈和需求进行定制和更新。例如许多在线教育平台提供个性化的学习内容，根据学生的学习进度和兴趣调整课程，这种互动性增强了用户体验和满意度。

（二）服务型数字商品

服务型数字商品是另一类重要的数字商品，主要包括在线教育、云计算服务、网络游戏、社交媒体等。这类商品的特点在于其提供的服务内容，而不仅仅是信息或娱乐①。一是服务型数字商品在提高生产效率和生活便利性方面发挥了重要作用。例如云计算服务为企业提供了强大的计算能力和存储空间,使得企业可以更高效地处理数据和进行业务操作。在线教育平台让学生可以在家中学习,节省了大量的时间和交通成本,同时也让更多的人能够获得优质的教育资源。二是服务型数字商品具有持续的盈利模式,这类商品通常通过订阅服务或按需收费来获取收入,而不是一次性销售。这种盈利模式不仅保证了企业的持续收入,还增强了与客户的长期关系。例如许多在线软件提供商通过 SaaS(软件即服务)模式,每月向用户收取订阅费,从而实现稳定的现金流。三是服务型数字商品的灵活性和可扩展性强,可以根据市场需求快速调整和扩展服务内容。例如社交媒体平台可以根据用户的兴趣和行为推荐个性化的内容,并不断引入新的功能和服务,保持用户的活跃度和黏性。这种灵活性使得服务型数字商品能够迅速适应市场变化,保持竞争优势。

(三)平台型数字商品

平台型数字商品指的是那些提供基础设施和平台服务的商品,如电商平台、应用商店、内容分发网络等。这类商品的核心在于其平台的连接和整合能力。一是平台型数字商品通过连接供需双方,创造了巨大的经济价值。例如电商平台将买家和卖家连接起来,使得交易更加便捷和高效,同时也为小型企业和个人提供了广阔的市场空间。应用商店则为开发者提供了发布和推广软件的渠道,使得优秀的应用可以迅速进入市场并被用户发现和使用。二是平台型数字商品具有强大的网络效应,用户数量越多,平台的价值就越大。这种网络效应使得平台型数字商品能够迅速扩大市场占有率,并形成难以撼动的竞争壁垒。例如社交媒体平台通过用户之间的互动和分享,形成了庞大的用户群体和内容生态系统,使得新进入者很难与之竞争。三是平台型数字商品的盈利模式多样化,不仅可以通过收取交易佣金和广告费来获取收入,还可以通过提供增值服务和数据分析来增加收益。例如许多电商平台除了基本的交易功能外,还提供物流、金融、营销等多种

---

① 张天华,汪昱彤. 僵尸企业如何扭曲了经济运行——基于企业规模分布视角 [J]. 产业经济研究,2020(5):15.

增值服务，为平台带来了多元化的收入来源。

数字商品的类型多种多样，每一种类型都有其独特的特点和市场定位，内容型数字商品以其丰富的信息和娱乐内容满足了消费者的需求，服务型数字商品通过提供高效便捷的服务提升了生产和生活的效率，而平台型数字商品则通过连接供需双方和强大的网络效应创造了巨大的经济价值。通过了解和分析数字商品的不同类型，可以更好地把握其在市场中的表现和未来的发展趋势。

三、数字商品与传统商品的区别

在现代经济中，数字商品与传统商品并存并互相影响。理解数字商品与传统商品的区别，有助于更好地把握经济发展的趋势和市场变化。数字商品与传统商品在生产方式、分配机制、消费模式等方面有着显著的不同，这些区别不仅影响了企业的经营策略，还改变了消费者的购买行为和市场的竞争格局。以下详细探讨数字商品与传统商品的区别，并分析这些区别对经济的影响。

（一）生产方式的区别

一是数字商品的生产方式与传统商品有着本质上的区别。数字商品的生产主要依赖于信息技术和数字化工具，而传统商品的生产则依赖于物理材料和机械设备。数字商品的生产过程通常包括数据的收集、处理和存储，而这些过程可以在虚拟空间中完成，不需要大量的物理资源。例如制作一部电影的数字版本只需要将拍摄好的影像数据进行剪辑和编码，而不需要额外的物理材料。传统商品的生产则需要原材料的采购、加工和组装，每一步都需要消耗大量的物理资源[1]。二是数字商品的生产具有高度的自动化和智能化特点，许多数字商品的生产过程可以通过软件和算法自动完成，大大提高了生产效率。传统商品的生产则往往需要大量的人力和机械操作，生产过程复杂且耗时。例如软件的开发可以通过编写代码和使用开发工具自动生成程序，而制造一台电脑则需要多个工序的人工操作和机械加工。数字商品的自动化生产不仅提高了生产效率，还降低了生产成本，使

---

[1] 杨筝，刘贯春，刘放. 金融发展与二元经济结构失衡：基于要素配置的新视角［J］. 管理评论，2020，32（11）：18.

得企业能够在短时间内推出新产品，快速响应市场需求。三是数字商品的生产不受时间和空间的限制，可以在全球范围内进行合作和分工。传统商品的生产则受制于地理位置和生产设施，需要在特定的地点进行。数字商品的生产者可以通过互联网与全球的专家和团队合作，利用各自的专长和资源，共同完成产品的开发和生产。例如一个软件项目可以由不同国家的开发者协作完成，每个开发者负责其中的一部分代码，而最终的产品可以通过网络进行整合和测试。传统商品的生产则需要将所有的原材料和部件运送到同一个生产地点，再进行组装和加工。

（二）分配机制的区别

一是数字商品的分配机制与传统商品有显著的不同。数字商品的分配主要依赖于互联网和电子平台，可以通过下载、流媒体、云服务等方式进行，速度快且成本低。传统商品的分配则需要通过物流和运输，将实物商品从生产地运送到消费者手中，过程复杂且耗时。例如电子书可以通过互联网瞬间传输到读者的设备上，而纸质书则需要经过印刷、装订、运输等多个环节，才能到达读者手中。数字商品的快速分配机制使得消费者能够在第一时间获取到所需的商品，提高了用户体验和满意度。二是数字商品的分配具有高度的灵活性和可扩展性，可以根据市场需求和用户行为进行动态调整。传统商品的分配则需要预先规划和准备，灵活性较低。例如在线音乐服务平台可以根据用户的喜好和收听记录推荐个性化的音乐内容，而实体唱片店则只能提供有限的库存和选择。数字商品的灵活分配机制使得企业能够更好地满足消费者的个性化需求，提升市场竞争力[1]。三是数字商品的分配成本低且效率高，不需要复杂的物流和仓储设施。传统商品的分配则需要大量的运输工具、仓库和人力资源，成本高且效率低。例如一款游戏软件可以通过互联网下载和安装，几分钟内即可完成，而同样的实体游戏光盘则需要通过物流公司运送，需要几天的时间才能到达消费者手中。数字商品的低成本高效率分配机制不仅降低了企业的运营成本，还减少了环境污染和资源消耗，具有重要的经济和社会意义。

---

[1] 尹志超，刘泰星，张逸兴. 劳动力流动如何影响农户借贷：基于社会网络的分析 [J]. 世界经济，2021, 044 (012): 131-154.

(三) 消费模式的区别

一是数字商品的消费模式与传统商品存在显著差异。数字商品的消费主要依赖于电子设备和互联网，可以随时随地进行，不受时间和地点的限制。传统商品的消费则需要在特定的地点和时间进行，例如在商店购买或在家中使用。例如电子书可以在任何有互联网连接的地方下载和阅读，而纸质书则需要在书店购买并随身携带。数字商品的灵活消费模式提高了消费者的便利性和选择自由。二是数字商品的消费具有互动性和个性化特点，消费者可以根据自己的需求和喜好定制和调整商品。传统商品的消费则主要是被动接受厂家生产的标准化产品。例如许多在线学习平台允许用户根据自己的学习进度和兴趣选择课程和内容，而传统的教育模式则是老师按照预定的课程安排授课。数字商品的互动性和个性化消费模式增强了用户的参与感和满意度，提升了商品的附加值。三是数字商品的消费可以产生大量的数据，这些数据可以被企业用来分析用户行为和市场趋势，优化产品和服务。传统商品的消费则很难获得详细的用户数据，企业只能通过销售记录和市场调研来了解消费者的需求。

数字商品与传统商品在生产方式、分配机制和消费模式等方面存在显著的区别。数字商品的生产依赖于信息技术和数字化工具，具有高度的自动化和全球化特点；其分配主要通过互联网进行，速度快且成本低；其消费模式灵活、互动性强，并能产生大量的数据用于市场分析。这些区别使得数字商品在现代经济中具有独特的竞争优势，并推动了经济的数字化转型。通过理解这些区别，可以更好地把握数字经济的发展趋势和市场机会，提升企业的竞争力和创新能力。

第二节 数字商品的特征

一、无形性

数字商品作为现代经济的重要组成部分，其特征使其在市场上具有显著的优势和影响力。无形性是数字商品的基本特征之一，这一特征使得数字商品在生产、分配和消费过程中展现出不同于传统商品的特点和优势。理解无形性特征对于深入认识数字商品在经济活动中的作用和价值具有重要意义。以下详细探讨数字商品无形性的具体表现及其带来的影响。

（一）无形性降低了生产和存储成本

一是数字商品的无形性使其不需要物理材料和存储空间，大大降低了生产和存储成本。传统商品的生产需要消耗大量的原材料，如金属、塑料、木材等，这不仅增加了生产成本，还对环境造成了压力。数字商品的生产则主要依赖于数据和信息，只需要通过计算机和相关软件进行处理和生成。例如制作一部电影的数字版本只需要进行拍摄、剪辑和编码，而不需要额外的物理材料和设备。二是数字商品的无形性使其存储更加便捷和高效。传统商品需要占用仓库和物流中心的物理空间进行存储，这不仅需要支付租金和维护费用，还存在货物损坏和丢失的风险。数字商品的存储则只需要服务器和云存储设备，这些设备可以容纳海量的数据和信息，且占用空间极小。例如一个数据中心可以存储数百万部电子书或数千部电影，而这些内容只需要几个机柜的空间。三是数字商品的无形性使其生产和存储的灵活性更高。传统商品的生产和存储需要固定的场所和设施，灵活性较低。数字商品的生产和存储则可以在全球范围内进行，通过互联网进行远程管理和控制。

（二）无形性提高了分配和传输效率

一是数字商品的无形性使其分配和传输变得更加高效和快捷。传统商品的分配需要通过物流和运输，将实物商品从生产地运送到消费者手中，这个过程不仅耗时耗力，还存在各种不可控的风险。数字商品则可以通过互联网瞬间传输到全球任何一个角落，消费者只需点击几下鼠标或触摸屏，就可以立即获取和使用商品。例如音乐和电影可以通过流媒体平台在线传输，用户可以在几秒钟内开始观看和收听，无需等待物流配送。二是数字商品的无形性使其分配和传输的成本大大降低。传统商品的分配和传输需要支付高昂的物流费用，包括运输、仓储、包装等多种成本。数字商品的分配和传输只需要支付网络带宽和服务器维护的费用，这些费用相对较低，且可以通过规模效应进一步降低。例如一家音乐流媒体服务提供商可以向全球数百万用户提供音乐服务，而每增加一个用户所增加的成本几乎可以忽略不计。

(三) 无形性促进了消费模式的创新

一是数字商品的无形性使得消费模式更加多样化和个性化。传统商品的消费主要依赖于物理场所和固定时间，如在商店购物或在家中使用。数字商品的无形性使其可以随时随地进行消费，不受时间和空间的限制。例如电子书和数字音乐可以在任何有互联网连接的地方进行下载和播放，用户可以根据自己的时间和喜好自由安排消费行为。二是数字商品的无形性使得消费过程更加互动和参与。传统商品的消费过程通常是单向的，消费者购买商品后只能被动接受其功能和服务。数字商品则可以根据用户的反馈和需求进行实时调整和改进，增强了用户的参与感和互动性。例如在线游戏和社交媒体平台允许用户创建和分享自己的内容，与其他用户互动和交流，形成一个动态和多样的消费生态系统。三是数字商品的无形性使得消费数据的收集和分析更加便捷和全面。传统商品的消费数据通常需要通过销售记录和市场调查获取，这些数据往往不够全面和及时。数字商品的无形性使得每一次消费行为都可以被记录和分析，为企业提供了丰富的用户数据和市场洞察。例如一家视频流媒体服务提供商可以通过用户的观看记录和评分数据，了解哪些内容最受欢迎，并据此制作和推荐新的节目。

数字商品的无形性是其区别于传统商品的一个重要特征。无形性不仅降低了数字商品的生产和存储成本，提高了分配和传输效率，还促进了消费模式的创新。这一特征使得数字商品在现代经济中具有独特的优势和竞争力，并推动了经济的数字化转型。通过理解数字商品的无形性，可以更好地把握其在市场中的表现和未来的发展趋势，为企业的经营和消费者的选择提供有价值的参考。

二、可复制性

数字商品的可复制性是其最为突出的特征之一，这一特征使其在生产、分配和消费过程中展现出显著的优势和潜力。可复制性不仅降低了数字商品的边际成本,还极大地提高了其扩展性和传播速度。这使得数字商品在现代经济中占据了重要地位,并推动了许多行业的数字化转型和创新。理解数字商品的可复制性及其影响,对于更好地把握市场动态和制定相关策略具有重要意义。以下详细探讨数字商品的可复制性及其在经济活动中的具体表现。

(一)可复制性降低了生产成本和边际成本

一是数字商品的可复制性使得其生产成本显著降低,传统商品的生产需要消耗大量的原材料、人工和设备,这些生产成本在每一个新商品的制造过程中都会重复产生。然而,数字商品的生产则不同,它们的制作通常只需一次性投入,在完成初始制作后,可以通过简单的复制操作无限制地生成新的副本。例如一款软件或一部电子书在开发或编写完成后,只需通过复制文件的方式就能生成无数个副本,而每一个新副本的边际成本几乎为零。这种低生产成本使得数字商品在市场竞争中具有显著的价格优势,并能够以更低的价格吸引更多的消费者。二是数字商品的可复制性使得其扩展性和传播速度大大提高,在传统商品的生产中,每一个新商品的生产都需要耗费相应的时间和资源,因此生产速度受到限制。而数字商品则不同,由于其可以通过复制迅速生成,生产速度几乎不受限制。这种高扩展性使得数字商品能够迅速占领市场,满足消费者的需求。例如一部热门的数字音乐专辑可以在短时间内通过互联网传播到全球各地,迅速获得大量的下载和播放,而不需要经历复杂的物流和生产过程。这种高效的传播方式不仅提高了数字商品的市场覆盖率,还增强了其市场影响力。三是数字商品的可复制性使得其供应链管理更加简化和高效,传统商品的生产和分配需要复杂的供应链管理,包括原材料的采购、生产设备的维护、库存管理和物流运输等,这些环节的协调和管理需要耗费大量的人力和资源。而数字商品的生产和分配则可以通过简单的复制和网络传输来实现,不需要复杂的供应链管理。

(二)可复制性改变了分配和营销模式

一是数字商品的可复制性使得其分配方式更加灵活和多样化,传统商品的分配需要通过实体店、物流公司和经销商等渠道进行，这些渠道不仅增加了分配成本，还限制了商品的市场覆盖范围。而数字商品的分配则可以通过互联网和电子平台直接传递给消费者，分配方式更加灵活和高效。例如数字音乐和电影可以通过流媒体服务平台进行分发，用户只需登录平台即可随时随地观看和收听，不受时间和地点的限制。这种灵活多样的分配方式不仅提高了消费者的便利性，还扩大了数字商品的市场覆盖范围。二是数字商品的可复制性使得其营销策略更加精准和个性化，传统商品的营销需要通过广告、促销和市场活动等方式进行，这些方式虽然能够提升品牌知名度和销量，但往往无法精准地定位到每一个消费者。而数字商品的营销则可以通过大数据分析和用户行为追踪，实现精准的个性化推荐和定向广告。例如电子商务平台可以根据用户的浏览记录和购买历史，推荐用户感兴趣的数字商品，并通过电子邮件和社交媒体进行定向推广。这种精准和个性化的营销策略不仅提高了营销效果，还增强了消费者的购物体验和满意度。三是数字商品的可复制性使得其售后服务和客户关系管理更加便捷和高效，传统商品的售后服务和客户关系管理需要通过电话、邮件和面对面的方式进行，这些方式虽然能够解决问题，但往往效率较低，且无法实时响应消费者的需求。而数字商品的售后服务和客户关系管理则可以通过在线平台和自动化工具进行，例如许多软件公司提供在线技术支持和自动更新服务，用户可以随时通过平台提交问题和获取帮助，而不需要等待人工回复。

（三）可复制性促进了创新和知识共享

一是数字商品的可复制性使得知识和信息的传播更加迅速和广泛，传统商品的生产和分配受到物理条件的限制，知识和信息的传播速度较慢，且覆盖范围有限。而数字商品则不同，其可复制性使得知识和信息可以通过互联网瞬间传播到全球各地，极大地提高了传播速度和覆盖范围。例如电子书和在线课程可以通过网络平台迅速传播，用户可以在第一时间获取最新的知识和信息，不受时间和空间的限制。这种迅速和广泛的知识传播方式不仅促进了社会的进步和发展，还提高了人们的学习和工作效率。二是数字商品的可复制性使得创新和创意更加容易实现和传播，在传统商品的生产中，创新和创意的实现需要耗费大量的时间和资源，且往往面临高昂的试错成本。而数字商品的生产则可以通过快速复制和迭代，不断尝试和改进，降低了创新的成本和风险。例如软件开发公司可以通过持续集成和持续交付的方式，不断发布和测试新功能和新版本，快速响应市场需求和用户反馈。这种低成本和高效率的创新方式不仅提高了产品的竞争力，还推动了行业的技术进步和发展。三是数字商品的可复制性使得知识共享和合作更加便捷和高效，传统商品的生产和分配需要通过复杂的供应链和渠道进行，知识和资源的共享和合作往往受到限制。而数字商品的可复制性使得知识和资源可以通过互联网自由传递和共享，极大地提高了合作的便捷性和效率。例如开源软件社区通过共享代码和协作开发，推动了技术的进步和创新，许多优秀的软件和技术都是通过这种开放和共享的方式产生的。这种便捷和高效的知识共享和合作方式不仅提高了生产力，还促进了技术的传播和应用。

数字商品的可复制性是其在现代经济中占据重要地位的关键特征之一。可复制性不仅降低了数字商品的生产成本和边际成本，提高了分配和传输效率，还促进了消费模式的创新。这一特征使得数字商品在市场竞争中具有显著的优势，并推动了经济的数字化转型。通过理解数字商品的可复制性，可以更好地把握其在市场中的表现和未来的发展趋势，为企业的经营和消费者的选择提供有价值的参考。

三、低边际成本

低边际成本是数字商品的重要特征之一，这一特征在现代经济中发挥了至关重要的作用。传统商品的生产和分配通常伴随着较高的边际成本，而数字商品则因其特殊的生产和分配方式，使得每增加一单位产品所需的成本几乎可以忽略不计。低边际成本不仅提高了数字商品的市场竞争力，还改变了企业的经营模式和市场结构。以下详细探讨数字商品低边际成本的具体表现及其对经济活动的影响。

（一）生产过程中的低边际成本

一是数字商品在生产过程中由于无须物理材料和生产设施，使得每增加一单位产品所需的边际成本极低。传统商品的生产需要消耗大量的原材料、人工和设备，例如制造一台电脑需要金属、塑料、芯片等各种物理材料，还需要工人进行组装和测试。这些成本在每一台新电脑的生产中都会重复产生。而数字商品的生产则主要依赖于数据和信息的处理，一旦初始开发完成，每复制一个新产品的成本几乎为零。例如开发一款软件需要投入大量的编程、测试和优化工作，但完成后，复制这款软件只需在计算机中进行简单的文件复制操作，不会产生额外的物理材料和人工成本。这种低边际成本使得数字商品在大规模生产中具有显著的成本优势。二是数字商品的生产过程高度自动化和智能化，使得生产效率大大提高，进一步降低了边际成本。传统商品的生产往往需要复杂的生产线和大量的人工操作，每增加一单位产品都需要耗费相应的时间和资源。而数字商品的生产则可以通过计算机程序和自动化工具来实现，无需人工干预。例如制作一部电影的数字版本，可以通过自动化的剪辑和特效处理工具快速完成，从而大幅缩短生产时间和降低生产成本。这种高效的生产方式不仅提高了数字商品的产量，还减少了人工成本和时间成本，使得每单位产品的边际成本更低。三是数字商品的生产不受时间和空间的限制，可以在全球范围内进行协作和分工，进一步降低了边际成本。传统商品的生产需要在特定的地点进行，受制于地理位置和生产设施，而数字商品的生产可以通过互联网进行远程协作和分工。例如一个国际化的软件开发团队可以分布在不同的国家和地区，通过云平台进行协作开发，每个成员都可以在自己的时间和地点完成任务。这种分布式的生产方式不仅提高了生产效率，还降低了跨国合作的成本，使得数字商品的边际成本进一步降低。

（二）分配过程中的低边际成本

一是数字商品的分配主要通过互联网进行，无需物理运输和仓储，显著降低了分配成本。传统商品的分配需要通过物流和运输将商品从生产地运送到消费者手中，这一过程中需要支付运输费用、仓储费用和包装费用等。而数字商品的分配则只需要通过网络进行传输，不需要物理运输和仓储。例如一部电子书可以通过电子邮件或在线平台瞬间传递给读者，无需支付额外的物流费用。这种低分配成本不仅降低了企业的运营成本，还提高了商品的传输速度和效率。二是数字商品的分配具有高度的灵活性和可扩展性，可以根据市场需求进行动态调整，进一步降低了分配成本。传统商品的分配需要预先规划和安排，分配成本相对固定且难以快速调整。而数字商品的分配则可以根据用户需求和市场变化进行动态调整，分配成本更加灵活和可控。例如，在线音乐平台可以根据用户的收听习惯和偏好，动态调整音乐推荐和分发策略，而不需要预先储备大量的音乐文件。这种灵活的分配方式不仅提高了用户的满意度，还降低了分配成本和库存成本。三是数字商品的分配过程可以实现高度自动化和智能化，进一步降低了分配成本。传统商品的分配需要依赖大量的人工操作和管理，而数字商品的分配可以通过自动化系统和智能算法来实现。例如，云计算服务提供商可以通过自动化的资源分配和管理系统，根据用户需求动态调整计算资源和存储空间，无需人工干预。这种自动化的分配方式不仅提高了分配效率，还减少了人工成本和管理成本，使得数字商品的分配成本进一步降低。

（三）消费过程中的低边际成本

一是数字商品在消费过程中不需要物理介质和设备，降低了消费者的使用成本。传统商品的消费往往需要特定的设备和介质，例如观看电影需要电视或投影仪，阅读书籍需要纸质书或电子阅读器，这些设备和介质都会增加消费者的使用成本。而数字商品的消费则只需要通过电子设备和互联网进行，例如观看在线视频只需一台智能手机或电脑，无需额外的设备和介质。这种低使用成本使得数字商品更加普及和易于接受，提高了消费者的消费体验和满意度。二是数字商品的消费过程可以实现高度的个性化和定制化，进一步降低了消费者的选择成本。传统商品的消费往往受到商品种类和库存的限制，消费者的选择成本较高。而数字商品的消费则可以通过个性化推荐和定制化服务，降低消费者的选择成本。例如在线购物平台可以根据用户的浏览记录和购买历史，推荐个性化的商品和服务，减少消费者的搜索和选择成本。这种个性化和定制化的消费方式不仅提高了用户的满意度，还增强了用户的消费黏性。三是数字商品的消费数据可以实时收集和分析，为企业提供重要的市场洞察，进一步降低了市场推广和营销成本。传统商品的消费数据往往需要通过市场调查和销售记录获取，这些数据不仅不够全面和及时，还需要支付高昂的市场调研费用。而数字商品的消费数据可以通过互联网实时收集和分析，为企业提供详细的用户行为和市场趋势数据。例如在线视频平台可以通过用户的观看记录和反馈数据，了解哪些内容最受欢迎，并据此调整和优化内容策略。这种实时的数据分析不仅提高了企业的市场反应速度，还降低了市场推广和营销成本。

数字商品的低边际成本是其在现代经济中具有显著竞争力的关键特征之一。低边际成本不仅降低了数字商品的生产和分配成本，提高了市场效率，还促进了消费模式的创新和用户体验的提升。这一特征使得数字商品在市场竞争中占据重要地位，并推动了经济的数字化转型。通过深入理解数字商品的低边际成本，可以更好地把握其在市场中的表现和未来的发展趋势，为企业的经营和消费者的选择提供有价值的参考。

第三节 数字商品的生产与分配

一、数字商品的生产过程

数字商品的生产过程与传统商品有着显著的区别，主要依赖于信息技术和数字化工具。这一过程不仅包括数据的收集和处理，还涉及编程、设计和测试等多个环节。理解数字商品的生产过程，有助于更好地把握其在市场中的表现和未来的发展趋势。以下详细探讨数字商品的生产过程，分析其各个环节的特点和挑战。

（一）数据收集与处理

一是数据收集与处理是数字商品生产过程的起点，也是最关键的一步。在这个环节中，生产者需要收集大量的原始数据，这些数据来自用户的输入、传感器的监测、互联网的抓取等多种来源。数据的质量和数量直接影响到后续生产环节的效果。例如，在开发一款智能手机应用时，开发者需要收集用户的需求和反馈数据，以便确定应用的功能和设计方向。这些数据可以通过问卷调查、用户评论、使用统计等方式获取，确保应用的开发能够满足用户的需求和期望。二是数据处理是将原始数据转化为可用信息的关键步骤。数据处理包括数据清洗、数据转换、数据分析等多个环节，每一个环节都需要使用特定的工具和技术。例如在开发一款语音识别软件时，开发者需要对收集到的语音数据进行清洗，去除噪音和无关信息，然后将其转换为文本格式，再通过机器学习算法进行分析和建模。这个过程不仅需要高效的数据处理工具，还需要开发者具备丰富的数据处理经验和技术知识。三是数据处理的结果将直接影响数字商品的质量和性能。高质量的数据处理能够为后续的生产环节提供可靠的基础，提高数字商品的准确性和用户体验。例如在开发一款在线翻译应用时，开发者需要确保数据处理的准确性和一致性，以便生成高质量的翻译结果。如果数据处理不当，会导致翻译错误和用户不满，影响产品的市场竞争力和用户满意度。

（二）编程与设计

一是编程与设计是数字商品生产过程中的核心环节，是将数据转化为具体功能和界面的关键步骤。在这个环节中，开发者需要根据数据处理的结果，编写程序代码和设计用户界面，以实现数字商品的预期功能和效果。例如在开发一款电商网站时，开发者需要编写后台管理系统的代码，设计用户注册、商品展示、购物车、支付等多个功能模块，确保网站能够顺利运行和用户友好。二是编程与设计需要使用多种工具和技术，开发者需要具备丰富的编程经验和设计能力。常用的编程语言包括 Python、Java、C++、JavaScript 等，常用的设计工具包括 Photoshop、Illustrator、Sketch 等。例如在开发一款移动应用时，开发者需要使用 Swift 或 Kotlin 编写应用的代码，使用 Figma 或 Adobe XD 设计应用的界面和交互。这些工具和技术的选择和使用将直接影响数字商品的开发效率和最终效果。三是编程与设计需要反复的测试和优化，以确保数字商品的质量和性能。在这个过程中，开发者需要进行多次的代码审查、界面评估和用户测试，发现和修复潜在的问题和漏洞。例如在开发一款在线教育平台时，开发者需要对每一个功能模块进行单元测试和集成测试，确保各模块之间的协调和兼容，保证平台的稳定性和安全性。这种反复的测试和优化不仅提高了数字商品的质量，还增强了用户的使用体验和满意度。

（三）测试与发布

一是测试是数字商品生产过程中的重要环节，是保证产品质量和性能的关键步骤。在这个环节中，开发者需要对数字商品进行全面的测试，涵盖功能测试、性能测试、安全测试、用户测试等多个方面。例如在开发一款游戏时，开发者需要对游戏的每一个关卡、每一个角色、每一个功能进行详细的测试，确保游戏能够流畅运行，没有严重的 BUG 和问题。功能测试主要是验证数字商品的各项功能是否正常运行；性能测试是评估数字商品在高负载下的运行情况；安全测试是检查数字商品是否存在安全漏洞和风险；用户测试是通过实际用户的使用反馈来发现问题和改进产品。二是测试过程需要使用多种测试工具和技术，开发者需要具备丰富的测试经验和技术知识。常用的测试工具包括 Selenium、JMeter、Appium 等，常用的测试技术包括自动化测试、手动测试、A/B 测试等。例如在开发一款金融应用时，开发者需要使用 Selenium 进行自动化测试，模拟用户操作，检查应用的功能和性能；使用 JMeter 进行性能测试，模拟大量用户访问，评估应用的承载能力；使用 A/B 测试对不同版本的应用进行对比测试，优化用户体验和转化率。三是测试的结果将直接影响数字商品的发布和市场表现。高质量的测试能够发现和修复潜在的问题和漏洞，提高数字商品的稳定性和用户体验，增强产品的市场竞争力和用户满意度。例如，在发布一款社交媒体应用前，开发者需要通过详细的测试，确保应用的各项功能和性能都达到预期标准，避免在发布后出现严重的 BUG 和问题，影响用户的使用体验和口碑。测试的结果还可以为后续的产品优化和更新提供重要的数据和反馈，帮助开发者持续改进产品，满足用户的需求和期望。

数字商品的生产过程包括数据收集与处理、编程与设计、测试与发布等多个环节，每一个环节都需要高效的工具和技术支持，以及开发者丰富的经验和技术知识。这一过程不仅决定了数字商品的质量和性能，还影响了其在市场中的表现和用户体验。通过深入理解数字商品的生产过程，可以更好地把握其在市场中的表现和未来的发展趋势，为企业的经营和消费者的选择提供有价值的参考。

二、数字商品的分配机制

数字商品的分配机制在现代经济中起着重要的作用，特别是随着互联网和信息技术的飞速发展，数字商品的分配变得更加高效、灵活和多样化。传统商品的分配主要依赖于物流和运输，而数字商品则通过互联网和电子平台进行传输和分发。这种新型的分配机制不仅降低了成本，还显著提高了分配的速度和覆盖范围。理解数字商品的分配机制，有助于企业优化其运营策略，提高市场竞争力。以下详细探讨数字商品的分配机制，分析其特点及对经济活动的影响。

（一）互联网和电子平台的高效分配

互联网和电子平台的应用极大地提高了数字商品的分配效率，使得商品可以在瞬间传递到全球各地，一是互联网的普及使得数字商品的分配不再受地理位置的限制。无论消费者身处何地，只要有网络连接，就可以随时随地获取所需的数字商品。例如，一部热门的电影在全球首映的同时可以通过流媒体平台立即提供给全球观众观看，这种即时性的分配方式大大缩短了消费者的等待时间，提高了用户体验。二是电子平台的应用为数字商品的分配提供了强大的技术支持。这些平台不仅能够高效地处理海量的数据和信息，还可以根据用户需求进行个性化推荐和精准投放。例如音乐流媒体服务如 Spotify 和 Apple Music，可以通过分析用户的听歌习惯，推荐符合其口味的音乐，并在第一时间将新专辑推送给感兴趣的用户。这种高效和个性化的分配机制不仅提高了用户的满意度，还增强了用户的黏性和忠诚度。此外互联网和电子平台的高效分配还降低了企业的运营成本。传统商品的分配需要支付高昂的运输和仓储费用，而数字商品的分配则只需支付服务器和带宽的费用，这些费用相对较低且具有规模效应。例如电子书的分配只需通过网络进行下载和传输，无需支付印刷、装订和物流费用。这种低成本高效益的分配方式使得企业能够以更低的价格提供商品，从而在市场竞争中占据优势。

（二）灵活的分配方式和渠道

数字商品的分配方式和渠道具有高度的灵活性，可以根据市场需求和用户行为进行动态调整。一是数字商品的分配不受时间和空间的限制，用户可以随时随地获取所需的商品。传统商品的分配通常需要依赖固定的销售渠道和特定的营业时间，例如实体店的营业时间和物流公司的工作时间。而数字商品的分配则可以通过互联网全天候进行，无论是白天还是夜晚，用户都可以通过电子平台获取所需的商品。这种灵活的分配方式大大提高了用户的便利性和满意度。二是数字商品的分配渠道多样化，企业可以根据市场需求选择最适合的分配渠道。例如在线教育平台可以通过自有网站、第三方平台、移动应用等多种渠道向用户提供课程和学习资料，用户可以根据自己的习惯和需求选择最适合的渠道进行学习。这种多样化的分配渠道不仅提高了企业的市场覆盖率，还增强了用户的选择自由和消费体验。三是数字商品的分配可以实现实时监控和动态调整，企业可以根据用户行为和市场反馈及时调整分配策略。例如在线视频平台可以通过分析用户的观看记录和反馈数据，实时调整影片的推荐和播放顺序，确保用户能够获得最佳的观看体验。这种实时的动态调整机制不仅提高了用户的满意度，还增强了企业的市场反应能力和竞争力。

（三）个性化和精准化的分配策略

数字商品的分配机制允许企业根据用户的个性化需求和偏好进行精准分配，提高了分配的效果和用户的满意度。一是个性化推荐是数字商品分配的重要策略。通过分析用户的历史行为和偏好，企业可以为每个用户提供个性化的商品推荐和服务。例如电商平台可以根据用户的浏览记录和购买历史，推荐感兴趣的商品，提高商品的曝光率和销售转化率。这种个性化推荐不仅增强了用户的购物体验，还提高了企业的销售效率和盈利能力。二是精准投放是数字商品分配的另一重要策略。通过大数据分析和用户画像，企业可以精准识别目标用户群体，并针对性地投放广告和促销活动。例如游戏公司可以根据玩家的游戏行为和消费习惯，推送个性化的游戏礼包和活动通知，吸引用户参与和消费。这种精准投放不仅提高了营销的效果和效率，还减少了广告浪费和用户的打扰。三是分配过程中的数据分析和反馈机制为企业优化分配策略提供了重要依据。通过实时监控和数据分析，企业可以了解用户的需求变化和市场趋势，及时调整分配策略和营销方案。例如音乐流媒体平台可以通过分析用户的收听数据，了解哪些歌曲和艺术家最受欢迎，并据此调整推荐算法和推广策略。这种基于数据分析的精准分配不仅提高了用户的满意度，还增强了企业的市场竞争力和持续发展能力。

数字商品的分配机制在互联网和信息技术的支持下，展现出高效、灵活和精准的特点。这种新型的分配机制不仅降低了企业的运营成本，提高了分配的速度和覆盖范围，还通过个性化推荐和精准投放，提高了用户的满意度和市场竞争力。通过深入理解数字商品的分配机制，可以更好地把握其在市场中的表现和未来的发展趋势，为企业的经营和用户的选择提供有价值的参考。

三、数字商品的市场需求

数字商品的市场需求在现代经济中呈现出快速增长的态势，数字商品不仅满足了消费者对便捷和高效的需求，还推动了各行各业的数字化转型。理解数字商品的市场需求，有助于企业制定有效的市场策略和产品开发计划。以下详细探讨数字商品的市场需求，分析其增长原因和未来趋势，以便为企业和消费者提供有价值的参考。

（一）消费者对便捷性和即时性的需求

一是消费者对便捷性和即时性的需求是推动数字商品市场需求增长的重要因素。现代消费者生活节奏快，工作繁忙，对商品和服务的便捷性和即时性有着较高的要求，数字商品正好满足了这一需求。例如电子书、数字音乐、在线视频等数字商品可以通过互联网随时随地获取，消费者只需几秒钟即可完成购买和下载，这种便捷性和即时性大大提高了消费者的购物体验和满意度。二是数字商品的便捷性和即时性也体现在其使用和存储上。传统商品需要占用物理空间进行存储，使用时也需要特定的设备和场所，而数字商品则不需要这些限制。例如云存储服务可以让用户将文件和数据存储在云端，无需担心硬盘空间不足或设备损坏，用户可以随时随地通过互联网访问和使用这些数据。这种便捷的存储和使用方式使得数字商品更受消费者欢迎，进一步推动了其市场需求的增长。三是消费者对便捷性和即时性的需求还体现在服务的个性化和定制化上，数字商品可以根据消费者的需求和偏好进行个性化定制，提高了消费者的满意度和忠诚度。例如在线教育平台可以根据学生的学习进度和兴趣推荐个性化的课程和内容，帮助学生更高效地学习，这种个性化和定制化的服务不仅提高了用户体验，还增强了平台的吸引力和竞争力。

（二）企业对数字化转型的需求

一是企业对数字化转型的需求是推动数字商品市场需求增长的另一个重要因素。随着信息技术的发展，越来越多的企业意识到数字化转型的重要性，通过数字化工具和技术提高生产效率和竞争力成为企业发展的必然选择。例如制造业企业通过引入数字化生产线和智能制造系统，实现了生产过程的自动化和智能化，大大提高了生产效率和产品质量，这种对数字化工具和技术的需求推动了数字商品市场的快速增长。二是数字化转型还体现在企业的管理和运营上，企业通过数字化工具和技术实现了管理和运营的高效化和精细化。例如企业资源计划（ERP）系统可以帮助企业实现财务、生产、供应链等各个环节的集成管理，提高了管理效率和决策能力，客户关系管理（CRM）系统可以帮助企业更好地了解和服务客户，提高了客户满意度和忠诚度，这些数字化管理和运营工具的需求推动了数字商品市场的快速发展。三是企业对数字化转型的需求还体现在市场营销和客户服务上，企业通过数字化工具和技术实现了精准营销和高效客户服务。例如数字营销工具可以通过大数据分析和用户行为追踪，实现精准的广告投放和个性化推荐，提高了营销效果和转化率，在线客服系统可以通过自动化和智能化的服务，快速响应客户需求，提高了客户满意度和品牌形象，这些数字化营销和客户服务工具的需求进一步推动了数字商品市场的增长。

（三）技术创新和政策支持

一是技术创新是推动数字商品市场需求增长的重要驱动力，随着人工智能、大数据、物联网等新兴技术的发展，数字商品的种类和功能不断丰富，市场需求也随之增长。例如人工智能技术在语音识别、图像处理、自然语言处理等领域的应用，使得智能助手、智能家居、智能医疗等数字商品逐渐普及，吸引了大量消费者的关注和购买，这种技术创新带来的新产品和新服务，极大地推动了数字商品市场的需求。二是政策支持也是推动数字商品市场需求增长的重要因素，各国政府通过出台一系列政策和措施，鼓励和支持数字经济的发展，促进数字商品市场的繁荣。例如中国政府提出的"互联网+"战略，旨在推动互联网与传统产业的深度融合，促进数字经济的发展，这一政策的实施推动了大量企业进行数字化转型，带动了数字商品市场的快速增长，政府的政策支持为数字商品市场的发展提供了良好的环境和条件。三是技术创新和政策支持的结合，使得数字商品市场的需求进一步释放，各种新技术的应用和政策的推动，使得数字商品的生产和使用成本不断降低，市场准入门槛不断降低，更多的企业和消费者参与到数字商品市场中来。例如区块链技术的应用，使得数字资产和数字货币的交易更加安全和透明，吸引了大量的投资者和消费者参与，5G技术的推广，使得数字商品的传输速度和质量大幅提升，进一步推动了数字商品市场的需求。

数字商品的市场需求受到消费者对便捷性和即时性的需求、企业对数字化转型的需求、技术创新和政策支持等多方面因素的驱动，这些因素共同作用，推动了数字商品市场的快速增长和繁荣。通过深入理解数字商品的市场需求，可以更好地把握其在市场中的表现和未来的发展趋势，为企业的经营和消费者的选择提供有价值的参考。

四、数字商品的市场供给

数字商品的市场供给是决定其市场规模和发展潜力的重要因素。随着信息技术的快速发展，数字商品的生产和供给方式发生了深刻的变化，供给方不仅要满足市场需求，还要应对激烈的市场竞争和快速变化的技术环境。理解数字商品的市场供给，有助于更好地把握其发展趋势和市场动态，为企业制定有效的供给策略提供参考。以下详细探讨数字商品的市场供给，分析其主要特点和影响因素。

（一）技术进步推动供给增长

一是技术进步是推动数字商品市场供给增长的重要驱动力，随着信息技术的发展，数字商品的生产工具和技术不断进步，使得生产效率大幅提高，供给量迅速增加。例如云计算技术的应用，使得企业可以通过云平台快速部署和管理数字商品，提高了生产效率和供给能力，人工智能技术的应用，使得数字商品的生产和优化更加智能化和自动化，进一步提升了供给效率。二是技术进步还使得数字商品的生产成本大幅降低，进一步促进了市场供给的增长。传统商品的生产需要大量的原材料、人工和设备，而数字商品的生产主要依赖于数据和信息，生产成本相对较低。例如软件开发工具和平台的不断升级和优化，使得开发者可以更高效地编写和测试代码，减少了开发时间和成本，这种低成本高效率的生产方式，使得更多的企业能够进入数字商品市场，增加了市场供给量。三是技术进步使得数字商品的创新和多样化成为可能，进一步丰富了市场供给。随着大数据、物联网、区块链等新兴技术的发展，数字商品的种类和功能不断增加，满足了不同消费者的需求。例如物联网技术的应用，使得智能家居设备、可穿戴设备等数字商品应运而生，区块链技术的应用，使得数字资产和数字货币的交易更加安全和透明，这些新技术的应用，不仅增加了数字商品的供给量，还丰富了市场供给的种类和形式。

（二）市场竞争加剧供给压力

一是市场竞争加剧了数字商品的供给压力，企业需要不断提高生产效率和产品质量，才能在激烈的市场竞争中立于不败之地。随着越来越多的企业进入数字商品市场，市场竞争日益激烈，供给方不仅要满足市场需求，还要不断优化产品和服务，提高市场份额和竞争力。例如视频流媒体市场中，Netflix、Disney+、Amazon Prime 等多个平台竞争激烈，供给方需要不断推出高质量的原创内容和优化用户体验，才能吸引和留住用户。二是市场竞争促使企业不断进行技术创新和产品升级，增加了市场供给的多样性和丰富性。在激烈的市场竞争中，企业需要通过技术创新和产品升级，提供更具竞争力的数字商品，以满足消费者不断变化的需求。例如智能手机市场中，苹果、三星、华为等品牌不断推出新款手机，增加了功能和提升了性能，以吸引更多的消费者，这种技术创新和产品升级，不仅增加了市场供给量,还提高了供给质量。三是市场竞争推动企业进行合作和整合,提高了供给效率和规模,进一步促进了数字商品市场供给的增长。为了在竞争中取得优势,许多企业通过合作和并购,实现资源共享和优势互补,提高了生产效率和供给能力。例如许多软件公司通过与云计算服务提供商合作,快速部署和扩展其数字商品,提高了供给速度和规模,企业之间的合作和整合,不仅优化了资源配置,还增强了市场供给的稳定性和可持续性。

(三) 政策支持与监管影响供给

一是政策支持是促进数字商品市场供给增长的重要因素,各国政府通过出台一系列政策和措施,鼓励和支持数字经济的发展,推动数字商品市场供给的增加。例如中国政府提出的"互联网+"战略,旨在推动互联网与传统产业的深度融合,促进数字经济的发展,这一政策的实施,为企业提供了良好的发展环境和支持,促进了数字商品市场供给的增长。二是政策支持还体现在对技术创新和创业的鼓励上,政府通过提供资金、税收优惠、技术支持等措施,激励企业进行技术创新和创业,增加了数字商品的供给。例如许多国家和地区设立了科技创新基金和创业孵化器,支持初创企业的成长和发展,推动了数字商品的创新和供给增长,政府的政策支持,为数字商品市场供给的持续增长提供了有力保障。三是政策支持和监管对市场供给的影响还体现在规范和引导市场秩序上,政府通过制定和实施相关法律法规,规范市场行为,维护市场公平,促进数字商品市场的健康发展。例如数据隐私保护法、网络安全法等法律法规的实施,不仅保护了消费者的权益,还规范了企业的行为,促进了数字商品市场的有序供给,政府的监管和引导,为数字商品市场供给的可持续发展提供了保障。

数字商品的市场供给受到技术进步、市场竞争、政策支持与监管等多方面因素的影响,这些因素共同作用,推动了数字商品市场的快速增长和繁荣。通过深入理解数字商品的市场供给,可以更好地把握其在市场中的表现和未来的发展趋势,为企业的经营和消费者的选择提供有价值的参考。

第四节　数字商品的市场与产业

一、数字商品的市场结构

数字商品的市场结构在现代经济中扮演着至关重要的角色，随着信息技术的发展，数字商品市场的组织形式和竞争格局发生了深刻变化。理解数字商品的市场结构，有助于把握市场动态和制定有效的市场策略。以下详细探讨数字商品市场的结构，分析其主要特征和影响因素。

（一）多层次的市场结构

一是数字商品市场具有多层次的结构，由不同类型的数字商品和服务构成。市场层次包括基础设施层、平台层和应用层，各层次之间相互关联，共同构成完整的数字商品市场生态系统。例如基础设施层包括互联网和云计算服务，提供基础的网络和存储支持；平台层包括操作系统和应用商店，提供应用开发和分发的基础；应用层包括各类具体的数字商品，如软件、游戏和数字内容，直接面向消费者，这种多层次的市场结构，使得数字商品市场具有高度的复杂性和多样性。二是每一层次的市场结构都有其独特的竞争格局和市场参与者，基础设施层主要由大型科技公司主导，如亚马逊的 AWS、微软的 Azure 和谷歌的 Google Cloud，这些公司提供云计算和数据存储服务，竞争激烈；平台层则由操作系统和应用商店主导，如苹果的 iOS 和 App Store、谷歌的 Android 和 Google Play，这些平台通过控制应用分发渠道，形成强大的市场影响力；应用层则由各种软件和内容提供商组成，竞争更加多样化和细分化，这种分层次的市场结构，使得不同类型的企业在各自的领域中发挥优势，推动市场的整体发展。三是多层次的市场结构还促进了数字商品的创新和合作，不同层次的市场参与者通过合作和协同，推动数字商品的不断创新和优化。例如云计算服务提供商与应用开发者合作，提供高效的开发和运行环境，促进了应用创新；操作系统平台与硬件制造商合作，优化了用户体验，提高了市场竞争力，这种合作与协同，不仅增强了各层次市场的竞争力，还促进了整个数字商品市场的繁荣。

（二）高度集中的市场结构

一是数字商品市场具有高度集中的特征，少数大型企业占据了市场的主要份额。由于数字商品的生产和分发具有规模效应和网络效应，市场上往往形成寡头垄断的局面。例如搜索引擎市场由谷歌主导，社交媒体市场由 Facebook 主导，电商市场由亚马逊主导，这些大型企业通过技术优势、品牌影响力和用户基础，形成了强大的市场控制力，推动了市场的集中化。二是高度集中的市场结构促进了行业标准化和规范化，提高了市场效率和用户体验。大型企业通过制定行业标准和规范，引导市场的发展方向，推动了技术的进步和应用的普及。例如苹果的 App Store 制定了严格的应用审核标准，确保了应用的质量和安全性，谷歌的搜索引擎优化（SEO）指南，规范了网站的优化和排名，提升了用户的搜索体验，这种标准化和规范化，不仅提高了市场效率，还增强了用户的信任和满意度。三是高度集中的市场结构也带来了一些挑战和问题，如市场垄断和竞争不公平。少数大型企业的市场控制力，导致市场进入壁垒提高，限制了新兴企业的发展和创新。例如小型应用开发者在面对大型应用商店的严格审核和高额分成时，面临较大的生存压力，消费者在选择数字商品时，受到大型企业的垄断影响，导致选择范围受限和价格上升，这种市场垄断和竞争不公平，需要通过政策和监管进行调整和规范，确保市场的健康发展。

（三）全球化的市场结构

一是数字商品市场具有高度的全球化特征，数字商品可以通过互联网迅速传播到全球各地，形成全球市场。数字商品的生产和分发不受地理位置的限制，企业可以通过互联网将产品和服务提供给全球消费者。例如一款热门的移动应用可以在全球范围内下载和使用，一部电影可以通过流媒体平台向全球观众播放，这种全球化的市场结构，使得数字商品市场具有广阔的市场空间和发展潜力。二是全球化的市场结构促进了跨国合作和竞争，企业在全球范围内进行合作和竞争，推动了数字商品的创新和优化。例如跨国科技公司通过在不同国家和地区设立研发中心和分支机构,利用各地的资源和优势,进行技术创新和市场拓展,数字商品企业通过全球化的市场竞争,不断优化产品和服务,提升市场竞争力和用户体验,这种跨国合作和竞争,不仅推动了企业的发展,还促进了全球数字商品市场的繁荣。三是全球化的市场结构也带来了一些挑战和问题,如跨国监管和文化差异。数字商品的全球化传播,涉及各国的法律法规和监管政策,企业需要应对不同国家和地区的监管要求和合规性问题。例如数据隐私保护和网络安全在不同国家有不同的法律要求,企业需要进行合规调整,文化差异也影响了数字商品的传播和接受程度,企业需要针对不同市场进行本地化调整,确保产品和服务的适应性和竞争力。

数字商品的市场结构具有多层次、高度集中和全球化的特点,这些特点共同作用,推动了数字商品市场的快速发展和繁荣。通过深入理解数字商品的市场结构,可以更好地把握其在市场中的表现和未来的发展趋势,为企业的经营和消费者的选择提供有价值的参考。

二、数字商品的产业链

数字商品的迅速发展带动了整个产业链的变革,理解数字商品的产业链对于把握市场动态和制定企业战略具有重要意义。数字商品的产业链包括生产、分配、营销、服务等多个环节,每个环节都对整个产业链的运作和效率产生深远影响。以下探讨数字商品的产业链结构及其特点,分析各环节的关键要素和作用。

(一) 生产环节

数字商品的生产环节是产业链的起点,包括内容创作、软件开发、数据生成等。这一环节的核心是技术和创意,通过创新和技术手段,创造出满足市场需求的数字商品。一是数字商品的生产需要高水平的技术支持和创意,技术是数字商品生产的基础,无论是软件开发还是内容制作,都离不开先进的技术手段。创意则是数字商品生产的灵魂,能够吸引用户并满足其多样化需求。例如一部高质量的电影不仅需要精湛的制作技术,还需要引人入胜的故事情节和独特的视听效果。二是数字商品的生产具有高效性和灵活性，数字商品的生产过程相对传统商品更加高效，能够快速响应市场变化和用户需求。数字商品可以通过软件工具进行大规模生产，生产成本低且周期短，能够迅速占领市场。例如软件开发公司可以通过敏捷开发模式，不断迭代和更新产品，以满足用户的不断变化的需求。三是数字商品的生产具有全球化特征，数字商品的生产不受地域限制，可以在全球范围内进行合作和分工。企业可以利用全球的资源和人才，提升生产效率和创新能力。例如许多跨国公司在不同国家设立研发中心，利用各地的技术优势和市场需求，开发出具有全球竞争力的数字商品。

（二）分配环节

数字商品的分配环节包括网络传输、平台发布、渠道管理等，这一环节的核心是确保数字商品能够顺利到达消费者手中，并满足其需求。一是数字商品的分配依赖于高速、稳定的网络基础设施，网络传输是数字商品分配的关键环节，高速、稳定的网络基础设施能够确保数字商品在全球范围内迅速传递。例如流媒体平台依赖于高速网络传输，能够在短时间内将高清视频传输到用户设备上，提供流畅的观看体验。二是数字商品的分配需要高效的发布平台，平台发布是数字商品进入市场的重要途径，高效的发布平台能够提升数字商品的可见度和用户触达率。例如应用商店和内容分发网络是数字商品的重要发布平台，通过这些平台，开发者和内容创作者可以将其产品快速推向市场，并获得用户的反馈。三是数字商品的分配需要有效的渠道管理，渠道管理是确保数字商品能够顺利到达消费者的重要环节，有效的渠道管理能够提升分配效率，降低分配成本。例如电商平台通过优化物流和供应链管理，确保数字商品能够快速、准确地送达消费者手中，提高用户满意度。

（三）服务环节

数字商品的服务环节包括售后支持、用户反馈、持续更新等，这一环节的核心是确保用户在使用数字商品的过程中获得良好的体验，并不断提升产品质量和服务水平。一是数字商品的服务需要及时、高效的售后支持，售后支持是提升用户满意度和忠诚度的重要手段，及时、高效的售后支持能够解决用户在使用过程中的问题，增强用户对产品的信任。例如软件公司通过在线客服和技术支持，快速响应用户的技术问题和咨询，提供专业的解决方案。二是数字商品的服务需要重视用户反馈，用户反馈是提升产品质量和服务水平的重要依据，通过收集和分析用户反馈，企业可以发现产品存在的问题和不足，及时进行改进和优化。例如在线游戏公司通过用户反馈系统，收集玩家的意见和建议，不断调整游戏内容和玩法，提高用户的游戏体验。三是数字商品的服务需要持续更新和迭代，持续更新和迭代是保持产品竞争力和用户黏性的关键手段，通过不断推出新功能和新内容，企业可以吸引更多的用户，并保持现有用户的活跃度。例如社交媒体平台通过定期更新，推出新的互动功能和内容，提升用户的使用体验，保持用户的活跃度和忠诚度。

数字商品的产业链包括生产、分配和服务三个主要环节，每个环节都对数字商品的市场表现和用户体验产生重要影响。生产环节注重技术和创意，通过高效、灵活的生产过程，创造出满足市场需求的数字商品。分配环节依赖于高速网络和高效平台，通过有效的渠道管理，将数字商品迅速、准确地传递到消费者手中。服务环节注重售后支持和用户反馈，通过持续更新和迭代，提升产品质量和用户体验。理解和优化数字商品的产业链，对于企业在激烈的市场竞争中取得成功具有重要意义。随着技术的不断进步和市场的不断变化，数字商品的产业链将继续演变和发展，推动数字经济的繁荣和进步。

三、数字商品的竞争格局

数字商品的迅猛发展不仅改变了传统市场的运作方式，也带来了全新的竞争格局。了解数字商品的竞争格局，对于企业制定战略和市场定位至关重要。数字商品市场的竞争不仅涉及技术创新和产品质量，还包括用户体验和市场营销等多个方面。以下探讨数字商品市场的竞争特点和主要策略。

（一）技术创新驱动竞争

数字商品市场的竞争主要依赖于技术创新，企业通过不断推出新技术和新产品来吸引用户和占领市场。一是技术创新能够带来显著的竞争优势，企业通过引入前沿技术和改进现有产品，可以大幅提升产品性能和用户体验，从而在市场中获得竞争优势。例如智能手机市场中的技术竞争尤为激烈，各大厂商不断推出更高性能、更智能化的产品，通过增强现实、人工智能等技术的应用，提升产品的吸引力和差异化。二是技术创新可以推动行业标准和市场规范的制定，企业通过技术领先地位可以在行业标准的制定中发挥主导作用，从而影响市场的走向和竞争规则。例如许多科技公司通过发布开源技术和标准，吸引更多的开发者和合作伙伴，共同推动技术的普及和应用，形成强大的生态系统，增强自身的市场竞争力。技术创新不仅是企业获取市场份额的关键，也是推动整个行业发展的重要动力。通过持续的技术创新，企业不仅能够满足用户不断变化的需求，还能够引领市场趋势和技术潮流，从而在竞争中保持领先地位。

（二）用户体验优化策略

在数字商品市场中，用户体验是决定企业成败的重要因素，优化用户体验成为企业竞争的重要策略。一是用户体验直接影响用户的购买决策和忠诚度，良好的用户体验能够增强用户对产品的满意度和黏性，进而提高用户的重复购买率和品牌忠诚度。例如电商平台通过优化网站设计和提升搜索功能，使用户能够更方便快捷地找到所需商品，提高购物体验，从而吸引更多的用户和交易量。二是用户体验的优化需要持续的投入和改进，企业需要不断收集和分析用户反馈，及时调整和改进产品和服务，以满足用户的需求和期望。例如社交媒体平台通过用户数据分析，了解用户的行为习惯和兴趣偏好，不断推出个性化的内容和功能，提升用户的使用体验和参与度，保持用户的活跃度和忠诚度。优化用户体验不仅能够提升用户满意度和忠诚度，还能够增强企业的市场竞争力，通过提供优质的用户体验，企业可以在激烈的市场竞争中脱颖而出，获得更多的用户和市场份额。

数字商品市场的竞争格局主要由技术创新和用户体验优化驱动，技术创新能够带来显著的竞争优势，通过引入前沿技术和改进产品性能，企业可以在市场中获得领先地位。同时优化用户体验也是企业竞争的重要策略，良好的用户体验能够增强用户的满意度和忠诚度，提高市场竞争力。理解和把握数字商品市场的竞争格局，对于企业制定战略和提升市场表现具有重要意义，未来随着技术的不断进步和用户需求的不断变化，数字商品市场的竞争将更加激烈，企业需要持续创新和优化用户体验，才能在竞争中保持优势。

第二章 数字劳动的转型与挑战

第一节 数字劳动的含义与形式

一、数字劳动的界定

随着信息技术的迅猛发展,劳动形式也在发生深刻的变化,数字劳动逐渐成为现代经济中的重要组成部分。理解数字劳动的概念和特征对于深入探讨其对社会经济的影响以及制定相应的政策具有重要意义。

(一)数字劳动的基本定义

数字劳动是指以数字技术为基础,通过互联网和其他信息技术手段进行的劳动活动。这种劳动形式不同于传统的体力劳动和脑力劳动,具有高度的技术依赖性和虚拟性。一是数字劳动主要依赖于信息技术和网络平台,数字劳动者利用计算机、智能设备和互联网进行工作,其工作内容包括数据处理、软件开发、在线教育、数字内容创作等。这种劳动形式突破了传统劳动的时间和空间限制,使劳动者可以在任何地点、任何时间进行工作,提高了劳动的灵活性和效率。二是数字劳动具有虚拟性和非物质性,数字劳动的产出通常是数字化的信息、服务或产品,而不是物理形态的商品。例如程序员编写的软件代码、设计师创作的数字图形、在线教师教授的课程内容,都是通过数字技术生成和传输的,这使得数字劳动在生产和分配过程中不需要大量的物质资源和物流支持。三是数字劳动强调协作和互动,数字劳动者常常需要通过网络平台进行团队协作和客户互动,利用在线工具和社交媒体进行沟通和协作。这种协作形式不仅提高了工作效率,还使得劳动者可以跨越地域限制,与全球的客户和合作伙伴进行交流和合作,形成全球化的劳动网络。

(二) 数字劳动的主要特征

数字劳动具有一系列特征,这些特征不仅区别于传统劳动形式,还为劳动市场带来了新的机遇和挑战。一是高度技术依赖性,数字劳动高度依赖于信息技术和数字工具,劳动者需要具备较高的技术素养和操作技能,才能胜任工作。例如数据分析师需要掌握数据处理软件和编程技能,网络营销人员需要熟悉社交媒体和数字广告技术,这种技术依赖性使得数字劳动具有较高的专业门槛和学习成本。二是灵活性和自主性,数字劳动者通常具有较高的工作灵活性和自主性,可以根据自己的时间安排和工作需求进行工作。许多数字劳动者选择自由职业或远程工作模式,自主选择工作内容和工作时间,提高了工作满意度和生活质量。例如自由撰稿人和在线教师可以根据自己的兴趣和专长选择项目和课程,自主安排工作进度和时间。三是结果导向性和绩效评估,数字劳动通常以结果为导向,通过具体的工作成果和绩效指标来评估劳动者的工作表现。许多数字平台和企业通过在线系统进行工作监控和绩效评估,根据劳动者的工作成果和客户反馈进行报酬和奖励,这种结果导向的评估方式提高了工作透明度和公平性,也激励了劳动者的积极性和创造力。

(三) 数字劳动的社会影响

数字劳动不仅改变了劳动者的工作方式和生活方式,还对社会经济产生了深远的影响,带来了新的机遇和挑战。一是数字劳动促进了就业结构的转型,随着数字经济的发展,许多传统行业的劳动岗位被数字劳动所替代,同时也创造了大量的新兴岗位和就业机会。例如电子商务、数字营销、在线教育等行业的快速发展,吸引了大量的劳动者转向数字劳动领域,推动了就业结构的转型和升级。二是数字劳动提高了社会生产力和经济效益,数字劳动通过提高工作效率和生产力,降低了生产成本和交易成本,为社会经济创造了更多的价值和效益。例如数字化的生产和服务过程,可以显著降低企业的运营成本和市场推广成本,提高产品和服务的市场竞争力和盈利能力,推动经济的持续增长和繁荣。三是数字劳动带来了劳动权益和保障问题,尽管数字劳动为劳动者提供了更多的灵活性和自主性，但也带来了劳动保障和权益保护的新挑战。例如自由职业者和远程工作者通常缺乏稳定的劳动合同和社会保障，面临着收入不稳定和职业风险等问题，这需要政府和企业制定相应的政策和措施，加强对数字劳动者的权益保护和支持。

数字劳动作为一种新兴的劳动形式，其定义、特征和社会影响在现代经济中具有重要的地位，通过理解数字劳动的概念和特征，可以更好地把握其在劳动市场中的表现和未来的发展趋势。数字劳动不仅改变了传统的劳动方式和就业结构，还为社会经济带来了新的机遇和挑战，随着技术的不断进步和市场的不断变化，数字劳动将继续发展和演变，推动劳动市场和社会经济的深刻变革。

二、数字劳动的主要形式

数字劳动作为现代经济中的新兴劳动形式，其表现形式多样且丰富。随着信息技术的迅猛发展，越来越多的劳动活动通过数字手段进行，形成了独特的数字劳动形式。了解这些主要形式对于理解数字劳动的特征和影响至关重要。以下探讨数字劳动的三种主要形式，并分析其具体特点和作用。

（一）远程办公

远程办公是数字劳动的一种重要形式，指的是劳动者通过互联网和数字工具在非传统办公场所进行工作。这种工作方式近年来逐渐普及，尤其在全球疫情期间，远程办公成为许多企业和劳动者的首选。一是远程办公提高了劳动者的工作灵活性和自主性，劳动者可以在家中、咖啡馆或其他任何地方进行工作，不再受限于固定的办公场所和时间安排。这种灵活性使得劳动者能够更好地平衡工作与生活，提高工作效率和满意度。二是远程办公降低了企业的运营成本和环境负担，企业不需要为员工提供固定的办公空间和设备，可以节省大量的办公租金和维护费用。同时远程办公减少了员工通勤所产生的碳排放，有助于环保和可持续发展。三是远程办公促进了全球化合作和人才流动，通过远程办公，企业可以雇佣全球范围内的优秀人才，打破地域限制，实现跨国合作。劳动者也可以选择适合自己的工作地点和生活方式，不受地域和时间的限制，提升了工作满意度和职业发展机会。

（二）自由职业

自由职业是数字劳动的另一种重要形式，指的是劳动者以个体身份通过数字平台和网络技术提供专业服务和产品。这种工作方式使得劳动者不再依附于某一家企业，而是通过承接项目和任务获得收入。一是自由职业增强了劳动者的自主性和创造力，自由职业者可以根据自己的兴趣和专长选择工作内容和项目，充分发挥个人的创造力和专业能力。例如设计师、作家、程序员等自由职业者可以通过接单平台或自主创业，提供个性化和创新性的服务和产品。二是自由职业提供了多样化的收入来源和灵活的工作安排，自由职业者可以同时承接多个项目或任务，获得多元化的收入来源，避免了单一收入带来的风险。同时自由职业者可以自主安排工作时间和地点，提高工作灵活性和生活质量。三是自由职业促进了知识和技能的共享与传播，自由职业者通过网络平台和社交媒体分享自己的知识和技能，吸引更多的客户和合作伙伴，形成了互利共赢的合作关系。例如在线教育平台上的教师和培训师通过分享课程内容和教学经验，不仅获得了经济收益，还促进了知识的传播和共享。

（三）在线协作

在线协作是数字劳动的第三种主要形式，指的是通过数字工具和平台进行团队协作和项目管理。这种工作方式依托于云计算、社交媒体和协作软件，使得团队成员可以在不同地点、不同时间共同完成工作任务。一是在线协作提高了团队的工作效率和沟通效果，通过在线协作工具，团队成员可以实时共享文件、任务进度和工作计划，及时沟通和协调，避免了信息滞后和误解，提高了工作效率和协作效果。例如许多企业通过使用在线项目管理软件，实时跟踪项目进度和任务分配，确保项目按时高质量完成。二是在线协作增强了团队的创新能力和跨界合作，通过在线协作，团队成员可以跨越地域和专业的限制，进行多学科、多领域的合作和创新。例如科研团队可以通过在线平台，与全球的专家和学者进行合作，共同攻克科学难题，推动技术创新和发展。三是在线协作提供了更加灵活的团队构建和管理模式，通过在线协作平台，企业可以根据项目需求和人员能力，灵活组建和管理团队，不再受限于传统的组织架构和管理模式。例如初创企业可以通过在线协作平台，快速组建项目团队，利用全球的专业人才，降低人力成本和管理复杂度。

数字劳动的主要形式包括远程办公、自由职业和在线协作，每种形式都有其特点和优势。远程办公提高了工作灵活性和自主性，降低了企业成本和环境负担，促进了全球化合作和人才流动。自由职业增强了劳动者的自主性和创造力，提供了多样化的收入来源和灵活的工作安排，促进了知识和技能的共享与传播。在线协作提高了团队的工作效率和沟通效果，增强了团队的创新能力和跨界合作，提供了更加灵活的团队构建和管理模式。通过理解和分析数字劳动的主要形式，可以更好地把握其在现代经济中的表现和未来的发展趋势，推动数字劳动的健康发展和社会进步。

三、数字劳动与传统劳动的区别

随着信息技术的快速发展，数字劳动逐渐取代传统劳动，成为现代经济的重要组成部分。数字劳动和传统劳动在形式、特征和影响方面存在显著差异，理解这些区别对于把握劳动市场的变化和制定相应的政策具有重要意义。以下探讨数字劳动与传统劳动的主要区别，分析其对劳动者和社会的影响。

（一）工作形式和环境的差异

数字劳动和传统劳动在工作形式和环境上有着明显的不同，这些差异对劳动者的工作方式和生活方式产生了深远影响。一是数字劳动通常通过互联网和数字工具进行，劳动者可以在任何地点和时间进行工作，不受传统办公场所和工作时间的限制。例如远程办公和自由职业者可以在家中、咖啡馆或任何有网络连接的地方工作，工作时间也可以根据个人需求灵活安排。二是数字劳动依赖于虚拟协作和在线沟通，劳动者通过协作软件和社交媒体与同事和客户进行互动和协作，而传统劳动则通常需要面对面的交流和合作。例如在线项目管理工具和视频会议软件使得团队成员可以在不同地点实时协作，提高了工作效率和沟通效果。三是数字劳动的工作环境更加灵活和多样化，劳动者可以根据自己的喜好和需求选择工作环境，而传统劳动通常需要在固定的工作场所和环境中进行。例如数字劳动者可以根据自己的工作习惯和生活方式选择最佳的工作地点和时间，提高工作满意度和生活质量。

（二）工作内容和技能要求的差异

数字劳动和传统劳动在工作内容和技能要求上也存在显著差异，这些差异对劳动者的职业发展和市场竞争力产生了重要影响。一是数字劳动的工作内容通常涉及数据处理、软件开发、数字内容创作等，这些工作需要高度的专业技能和技术知识，而传统劳动则更多地依赖于体力劳动和基础技能。例如数据分析师需要掌握数据处理和分析工具，程序员需要熟练使用编程语言和开发环境，而传统劳动者则更多地依赖于体力和手工操作。二是数字劳动需要持续的学习和技能更新，信息技术和数字工具的发展速度非常快，劳动者需要不断学习和掌握新技术，才能保持竞争力和适应市场需求。例如软件开发人员需要不断学习新的编程语言和开发框架，数字营销人员需要熟悉最新的社交媒体和数字广告技术，而传统劳动者则较少需要频繁的技能更新。三是数字劳动的工作内容更加创新和多样化，劳动者可以通过数字工具和平台进行创意和创新，提高工作价值和市场竞争力。例如设计师可以通过数字绘图软件创作独特的艺术作品，作家可以通过自媒体平台发布原创内容，而传统劳动则更多地依赖于重复性和标准化的工作任务。

（三）工作关系和劳动权益的差异

数字劳动和传统劳动在工作关系和劳动权益上也存在显著差异，这些差异对劳动者的权益保障和社会保障体系提出了新的挑战。一是数字劳动的工作关系更加灵活和非传统，劳动者通常以自由职业者或合同工的身份进行工作，不受固定的雇佣关系和劳动合同的限制。例如自由职业者可以同时为多个客户提供服务，根据项目需求灵活安排工作，而传统劳动者则通常需要与单一雇主签订长期劳动合同。二是数字劳动的劳动权益和社会保障相对薄弱，劳动者缺乏传统劳动合同和社会保障的保护，面临着收入不稳定和职业风险等问题。例如自由职业者和远程工作者通常没有固定的工资和福利，缺乏医疗保险、退休金等社会保障，面临着较大的经济和职业风险。三是数字劳动的劳动者自我管理和自主性更强，劳动者需要自行安排工作时间和任务，自主处理工作中的问题和挑战，提高了工作自主性和责任感。例如自由职业者需要独立管理自己的工作和生活，自主安排工作进度和时间，提高工作效率和满意度，而传统劳动者则通常需要在雇主的管理和监督下进行工作。

数字劳动与传统劳动在工作形式和环境、工作内容和技能要求、工作关系和劳动权益等方面存在显著差异，这些差异不仅改变了劳动者的工作方式和生活方式，也对劳动市场和社会保障体系提出了新的挑战。通过理解和分析数字劳动与传统劳动的区别，可以更好地把握劳动市场的变化和发展趋势，制定适应数字时代的劳动政策和社会保障措施，推动数字劳动的健康发展和社会进步。

第二节 数字劳动的特征

一、虚拟性

数字劳动作为现代经济中的新兴劳动形式，其虚拟性是一个显著特征。虚拟性指的是数字劳动主要通过虚拟空间进行，不受物理空间和时间的限制。这种特征带来了工作方式、工作环境和社会影响的深刻变化。以下探讨数字劳动虚拟性的具体表现及其对劳动者和社会的影响。

（一）工作方式的虚拟化

数字劳动的虚拟性体现在工作方式的虚拟化上，劳动者通过互联网和数字工具进行工作，不再需要在特定的物理场所进行劳动。一是远程办公和在线协作成为常态，劳动者可以在家中、咖啡馆或任何有网络连接的地方进行工作。这种工作方式打破了传统的办公室模式，极大地提高了劳动者的工作灵活性和自主性。例如软件开发人员可以通过在线代码托管平台进行远程协作，项目经理可以通过在线项目管理工具实时跟踪和管理项目进度[①]。二是数字平台和工具的广泛应用，使得虚拟工作方式得以实现，劳动者可以利用各种数字工具进行沟通、协作和任务管理。比如，视频会议软件、即时通信工具和在线协作平台等，使得团队成员可以在不同地点实时沟通和协作，提高了工作效率和沟通效果。三是虚拟工作方式促进了跨地域合作和全球化发展，企业可以通过互联网雇佣全球范围内的优秀人才，打破地域限制，形成全球化的劳动市场。例如跨国公司可以通过远程办公和在线协作，将全球各地的团队成员汇集在一起，共同完成项目任务，推动企业的全球化发展。

（二）工作环境的虚拟化

数字劳动的虚拟性还体现在工作环境的虚拟化上，劳动者的工作环境不再局限于传统的办公室，而是通过虚拟空间进行扩展和延伸。一是虚拟工作环境提供了更多的灵活性和选择，劳动者可以根据自己的喜好和需求选择工作地点和时间，提高工作满意度和生活质量。例如数字内容创作者可以在任何有创作灵感的地方进行工作，不受传统办公室的限制，提高了工作效率和创作灵感。二是虚拟工作环境减少了对物理空间的依赖，降低了企业的运营成本和环境负担。企业不再需要为员工提供大量的办公空间和设备，可以节省大量的租金和维护费用，同时也减少了员工通勤产生的碳排放，有助于环保和可持续发展。三是虚拟工作环境促进了数字技术的应用和发展，企业通过虚拟环境进行业务运作和管理，提高了信息化和智能化水平。例如企业可以通过虚拟现实技术进行产品展示和培训，通过大数据分析和人工智能技术进行市场预测和决策，提高企业的竞争力和创新能力。

（三）社会影响的虚拟化

数字劳动的虚拟性还对社会产生了深远的影响，改变了传统的劳动关系和社会结构。一是虚拟劳动关系的形成，数字劳动者通常以自由职业者或合同工的身

[①] 杨阳. 经济中心转移与国际劳动分工相关文献探析［J］. 支点，2023（9）：158-160.

份进行工作，通过数字平台和网络工具与客户和雇主进行合作，形成了灵活的劳动关系和新的社会角色。例如自由职业者通过接单平台承接项目和任务，不再依赖于单一雇主，可以自由选择工作内容和时间，提高了工作自主性和灵活性。二是虚拟社会互动的增强，数字劳动者通过社交媒体和在线社区与其他劳动者和客户进行互动和交流，形成了新的社交网络和职业关系。比如，在线论坛和社交媒体平台使得劳动者可以分享经验和知识，获取职业发展机会和资源，增强了职业网络和社交资本。三是虚拟社会保障和劳动权益的挑战，数字劳动者的虚拟工作关系和灵活就业方式带来了新的社会保障和劳动权益问题。传统的社会保障体系和劳动法规难以适应数字劳动的特征，需要制定新的政策和措施，保障数字劳动者的权益和福利。例如自由职业者和远程工作者通常缺乏稳定的收入和社会保障，面临着经济和职业风险，需要政府和社会提供更加灵活和多样化的保障措施。

数字劳动的虚拟性在工作方式、工作环境和社会影响等方面表现得尤为明显。虚拟化的工作方式提高了劳动者的灵活性和自主性，虚拟化的工作环境提供了更多的选择和灵活性，降低了企业的成本和环境负担，虚拟化的社会影响改变了传统的劳动关系和社会结构，带来了新的机遇和挑战。通过理解和分析数字劳动的虚拟性特征，可以更好地把握其在现代经济中的表现和未来的发展趋势，推动数字劳动的健康发展和社会进步。

二、灵活性

灵活性是数字劳动的重要特征之一，数字劳动的灵活性体现在工作时间、工作地点和工作方式等多个方面。灵活性不仅提升了劳动者的工作效率和满意度，还改变了企业的管理模式和市场竞争策略。以下探讨数字劳动灵活性的具体表现及其对劳动者和企业的影响。

（一）工作时间的灵活性

数字劳动的灵活性体现在工作时间的灵活性上，劳动者可以根据个人需求和工作内容，自主安排工作时间。一是数字劳动者可以选择最适合自己的工作时间，提高工作效率和生活质量。例如一些数字劳动者喜欢在晚上或凌晨工作，因为这段时间他们感觉更有创意和精力，而另一些人则偏好在早晨或白天工作。灵活的工作时间安排使得劳动者能够在最佳状态下进行工作，提升了工作效率和产出质量[①]。二是数字劳动的灵活时间安排有助于劳动者平衡工作和生活，减少工作压力和职业倦怠。例如父母可以在孩子上学期间集中工作，在孩子放学后照顾家庭，这样的安排不仅提高了家庭生活质量，也减少了因工作和家庭冲突带来的压力和焦虑。三是数字劳动的灵活时间安排使得企业能够更好地利用全球人才资源，跨时区合作变得更加方便和高效。例如企业可以雇佣位于不同国家和地区的劳动者，让他们在各自的时间段内进行工作，实现24小时不间断的业务运作，提高了企业的响应速度和竞争力。

（二）工作地点的灵活性

数字劳动的灵活性还体现在工作地点的灵活性上，劳动者不再受限于固定的办公场所，可以在任何有网络连接的地方进行工作。一是数字劳动者可以根据个人需求选择最适合自己的工作地点，提升工作满意度和生活质量。例如一些劳动者喜欢在家中工作，因为这样可以节省通勤时间和成本，提高生活舒适度，而另一些人则喜欢在咖啡馆或共享办公空间工作，因为这些地方提供了良好的工作氛围和社交机会。二是数字劳动的灵活地点安排使得企业可以降低办公空间和运营成本，提高经济效益。例如企业可以减少或取消实体办公室的租赁和维护费用，将更多资源投入到核心业务和员工福利中，提升企业的竞争力和员工满意度。三是数字劳动的灵活地点安排促进了全球化合作和跨国业务发展，企业可以雇佣全球范围内的优秀人才，打破地域限制，实现全球化业务运作。例如跨国公司可以通过远程办公和在线协作，将全球各地的团队成员汇集在一起，共同完成项目任务，推动企业的全球化发展和市场拓展。

[①] 张燕，刘维奇，李建莹. 人力资本对股票收益的预测研究［J］. 中央财经大学学报，2023（2）：41—51.

（三）工作方式的灵活性

数字劳动的灵活性还体现在工作方式的灵活性上，劳动者可以根据工作需求和个人偏好选择最适合的工作方式和工具。一是数字劳动者可以根据工作内容和任务要求选择最合适的工作工具和平台，提高工作效率和质量。例如设计师可以使用专业的设计软件和在线协作平台，程序员可以使用代码托管平台和开发工具，市场营销人员可以使用社交媒体和数据分析工具，这些工具和平台的灵活选择使得劳动者能够更高效地完成工作任务[1]。二是数字劳动的灵活工作方式使得劳动者可以根据个人兴趣和专长进行多样化的工作和项目，提高职业发展和成长空间。例如一些劳动者可以同时从事多种不同的工作和项目，如自由撰稿人可以同时为多家媒体撰写文章，程序员可以参与多个开源项目，这种多样化的工作方式不仅提升了劳动者的收入和职业满意度，也促进了个人技能和经验的积累。

数字劳动的灵活性在工作时间、工作地点和工作方式等多个方面表现得尤为明显，这种灵活性不仅提升了劳动者的工作效率和满意度，还改变了企业的管理模式和市场竞争策略。通过理解和分析数字劳动的灵活性特征，可以更好地把握其在现代经济中的表现和未来的发展趋势，推动数字劳动的健康发展和社会进步。灵活的工作时间和地点安排使得劳动者能够在最佳状态下进行工作，平衡工作和生活，灵活的工作方式则使得企业能够更高效地利用全球人才资源，实现业务的创新和变革。

三、高度依赖技术

数字劳动的一个显著特征是其高度依赖技术。随着信息技术的快速发展，数字劳动在各个方面都离不开先进的技术支持，从工作工具到工作方式，再到工作内容，技术的进步深刻影响着数字劳动者的日常工作和职业发展。以下探讨数字

---

[1] 陈肖飞，艾少伟，赵建吉，等. 跨国公司地方嵌入新视角：基于地方劳工市场的研究进展与理论思考［J］. 人文地理，2020，35（2）：6.

劳动高度依赖技术的具体表现及其对劳动者和企业的影响。

（一）工作工具的技术依赖

数字劳动在工作工具上表现出高度的技术依赖，劳动者需要掌握并使用各种数字工具和软件来完成工作任务。一是数字劳动者广泛使用专业软件和平台进行工作，从设计软件、编程工具到数据分析软件，这些工具的使用需要一定的技术能力和操作技能。例如设计师需要熟练掌握 Photoshop、Illustrator 等设计软件，程序员需要精通各种编程语言和开发环境，数据分析师需要使用 SPSS、SAS 等数据分析工具，这些工具不仅提高了工作效率，也提升了工作质量和专业水平[1]。二是数字劳动者需要不断学习和更新技术，跟上技术发展的步伐，以保持竞争力和适应市场需求。随着技术的不断进步，新软件和工具不断涌现，劳动者需要不断学习和掌握这些新工具，才能在竞争激烈的数字劳动市场中立于不败之地。例如随着人工智能和大数据技术的发展，数据分析师需要学习新的算法和分析工具，设计师需要了解最新的设计趋势和技术。

（二）工作方式的技术依赖

数字劳动在工作方式上也表现出高度的技术依赖，劳动者通过技术手段和平台进行协作和沟通，改变了传统的工作方式和模式。一是数字劳动者广泛使用在线协作工具和平台进行团队合作，从项目管理软件、即时通信工具到视频会议系统，这些技术手段的应用使得团队成员可以在不同地点、不同时间进行高效协作。例如项目管理软件如 Trello、Asana 可以帮助团队成员分配任务和跟踪进度，即时通信工具如 Slack、Microsoft Teams 可以实现实时沟通和文件共享，视频会议系统如 Zoom、Google Meet 可以进行远程会议和讨论，这些技术手段的应用极大地提升了团队合作的效率和效果。二是数字劳动者依赖于技术手段进行远程办公

---

[1] 何自力．去工业化、去周期化与经济停滞常态化——一个认识当代资本主义的新视角［J］．华南师范大学学报：社会科学版，2015（4）：6．

和灵活工作，互联网和数字工具使得劳动者可以在任何有网络连接的地方进行工作，不再受限于固定的办公场所和时间安排。例如远程办公软件如 RemotePC、TeamViewer 可以实现远程桌面访问和控制，云存储服务如 Dropbox、Google Drive 可以实现文件的云端存储和共享，在线协作平台如 GitHub、Bitbucket 可以进行代码托管和协作开发，这些技术手段的应用使得远程办公和灵活工作成为和常态。

（三）工作内容的技术依赖

数字劳动在工作内容上也表现出高度的技术依赖，劳动者的工作内容和任务离不开技术的支持和应用。一是数字劳动者的工作内容高度依赖于数据和信息技术，从数据收集、处理到分析和应用，技术的应用贯穿于工作的各个环节。例如数据分析师需要使用数据挖掘和分析工具处理和分析大量数据，市场研究员需要使用调查和分析软件进行市场调研和数据分析，财务分析师需要使用财务软件进行财务数据的处理和分析，这些工作内容的完成都依赖于先进的数据和信息技术。二是数字劳动者的工作内容不断受到技术进步的影响和推动，新技术的应用不断改变和丰富劳动者的工作内容和任务。例如人工智能和机器学习技术的发展使得数据分析师可以使用更先进的算法和模型进行数据分析和预测，区块链技术的发展使得金融分析师可以研究和应用新的金融工具和产品，虚拟现实和增强现实技术的发展使得设计师可以进行更具创意和互动性的设计和展示，这些技术进步不仅改变了劳动者的工作内容，也提升了工作的价值和意义。

数字劳动的高度依赖技术在工作工具、工作方式和工作内容等多个方面表现得尤为明显，这种技术依赖不仅提升了劳动者的工作效率和质量，也改变了企业的管理模式和市场竞争策略。通过理解和分析数字劳动的技术依赖特征，可以更好地把握其在现代经济中的表现和未来的发展趋势，推动数字劳动的健康发展和社会进步。技术依赖使得劳动者能够更高效地完成工作任务，提升工作满意度和职业发展空间，同时也使得企业能够更好地利用技术资源，实现业务的创新和变革。

第三节 数字劳动的转型

一、工作内容的变化

随着信息技术的不断发展和数字经济的崛起,劳动者的工作内容也发生了显著变化。这种变化不仅体现在具体的工作任务和职责上,还涉及劳动过程和工作成果的形式。数字劳动的转型不仅改变了传统劳动的特征,还带来了新的工作方式和职业机会。以下详细探讨数字劳动工作内容的变化及其对劳动者和企业的影响。

(一) 工作任务的数字化

数字化技术的普及使得许多传统工作任务得以数字化,这种变化极大地提高了工作效率和生产力。一是许多传统的手工和纸质工作任务被数字工具和平台所取代,提高了工作效率和准确性。例如档案管理从纸质文件转变为电子档案,利用数据库和文档管理系统进行存储和检索,不仅节省了物理空间,还大大提高了查找和处理信息的效率。财务报表和账务处理通过财务软件进行自动化处理,减少了人为错误,提高了数据的准确性和可靠性[1]。二是数据处理和分析任务得到了极大简化和优化,数字技术使得劳动者能够更快更准确地处理和分析大量数据。例如市场研究人员可以利用大数据分析工具,从海量的消费者数据中提取有价值的信息,为企业决策提供依据。数据科学家可以使用机器学习算法和数据挖掘技术,从复杂的数据集中发现模式和趋势,预测未来的发展方向。

(二) 工作职责的扩展

随着数字技术的发展,劳动者的工作职责也得到了扩展,要求劳动者掌握更

---

[1] 方竹兰,于畅. 知识经济与宏观管理新视角 [J]. 经济研究参考,2020,022 (022):36-45.

多的技能和知识，以适应新的工作内容和环境。一是劳动者需要掌握更多的数字技能和工具，才能胜任新的工作职责和任务。例如市场营销人员需要熟悉各种数字营销工具和平台，如搜索引擎优化、社交媒体营销、电子邮件营销等，以便更好地推广产品和服务。人力资源管理人员需要掌握人力资源信息系统和数据分析工具，进行员工数据管理和绩效分析，提高人力资源管理的效率和科学性。二是劳动者需要不断学习和更新知识，跟上技术发展的步伐，才能适应快速变化的工作环境和市场需求。企业培训和职业教育的重要性显著增加，劳动者需要通过各种途径不断提升自己的技能和知识。例如许多企业提供在线培训课程和内部培训项目，帮助员工掌握最新的技术和业务知识，提高工作能力和职业发展潜力。

（三）工作成果的数字化

随着数字技术的普及，劳动者的工作成果也逐渐数字化，这种变化不仅改变了工作成果的形式，还影响了工作成果的呈现和传播方式。一是工作成果的数字化使得信息传递和共享更加便捷和高效，劳动者可以通过数字平台和工具快速传递和共享工作成果，提高团队合作和工作效率。例如团队成员可以通过在线文档和协作平台共享和编辑文档，实时更新和查看工作进展，提高工作透明度和协作效率。项目报告和工作成果可以通过电子邮件和文件共享系统快速传递给相关人员，减少了时间和空间的限制。二是工作成果的数字化提升了信息的可视化和可读性，使得工作成果更加直观和易于理解。数据可视化工具和技术的应用，使得复杂的数据和信息可以通过图表、图形和动画的形式呈现，增强了信息的可读性和传播效果。例如市场分析报告可以通过数据可视化工具将市场趋势和消费者行为以图表形式展示，提高了报告的可读性和说服力。

数字劳动的转型在工作内容上表现为工作任务的数字化、工作职责的扩展和工作成果的数字化，这种变化不仅提高了劳动者的工作效率和工作质量，还带来了新的职业机会和职业发展空间。通过理解和分析数字劳动工作内容的变化，可以更好地把握其在现代经济中的表现和未来的发展趋势，推动数字劳动的健康发展和社会进步。工作任务的数字化提高了工作效率和准确性，工作职责的扩展要求劳动者掌握更多的技能和知识，工作成果的数字化提升了信息传递和共享的便捷性和高效性，为劳动者和企业带来了新的机遇和挑战。

二、工作方式的变化

随着信息技术的飞速发展和数字经济的不断推进，劳动者的工作方式也在发生深刻的变化。这种变化不仅体现在劳动者如何完成工作任务上，还影响了工作时间、工作地点和工作协作的方式。数字劳动的转型带来了前所未有的灵活性和创新性，使得劳动者和企业能够更好地适应快速变化的市场环境和技术发展。以下探讨数字劳动工作方式的变化及其对劳动者和企业的影响。

（一）远程办公的普及

远程办公是数字劳动工作方式变化的一个重要表现，劳动者可以在任何有网络连接的地方完成工作任务，不再受限于固定的办公场所。一是远程办公提高了劳动者的工作灵活性和自主性，劳动者可以根据个人需求和生活安排选择工作地点和时间，提高了工作效率和满意度。例如父母可以在家中照顾孩子的同时进行工作，自由职业者可以选择在咖啡馆或共享办公空间工作，这种灵活的工作方式不仅提高了劳动者的生活质量，还减少了通勤时间和成本。二是远程办公降低了企业的运营成本和环境负担，企业不再需要为员工提供大量的办公空间和设备，可以节省大量的租金和维护费用，同时也减少了员工通勤产生的碳排放，有助于环保和可持续发展。例如许多企业在疫情期间通过远程办公保持了业务的连续性和稳定性，减少了对物理办公空间的依赖，实现了降本增效的目标。

（二）灵活用工的兴起

灵活用工是数字劳动工作方式变化的另一个重要表现，劳动者可以根据个人需求和市场需求选择工作内容和工作时间，实现工作方式的多样化和灵活化。一是灵活用工提高了劳动者的工作自主性和多样性，劳动者可以根据自己的兴趣和专长选择工作内容和项目，提高工作满意度和职业发展空间。例如自由职业者可以同时从事多种不同的工作和项目，如撰稿人可以为多家媒体撰写文章，程序员可以参与多个开源项目，这种多样化的工作方式不仅提升了劳动者的收入和职业满意度，也促进了个人技能和经验的积累。二是灵活用工使得企业可以根据市场需求和业务变化灵活调整用工策略，提高用工效率和成本效益。企业可以通过灵活用工模式快速响应市场变化，招聘临时工、兼职工和自由职业者，以满足短期的业务需求和项目要求。例如电商平台在促销季节可以招聘大量的临时客服人员和物流人员，以应对订单量的激增，提高客户服务质量和订单处理效率。

（三）在线协作的广泛应用

在线协作是数字劳动工作方式变化的重要组成部分，劳动者通过数字平台和协作工具进行团队合作和项目管理，提高了工作效率和协作效果。一是在线协作工具的广泛应用提高了团队协作的效率和效果，劳动者可以通过在线平台进行实时沟通和协作，提高工作透明度和协作效率。例如项目管理软件如 Trello、Asana 可以帮助团队成员分配任务和跟踪进度，即时通讯工具如 Slack、Microsoft Teams 可以实现实时沟通和文件共享，视频会议系统如 Zoom、Google Meet 可以进行远程会议和讨论，这些在线协作工具的应用极大地提升了团队合作的效率和效果。二是在线协作使得团队成员可以跨越地域和时间限制进行合作，实现全球化团队协作和跨时区工作。企业可以通过在线协作平台将全球各地的团队成员汇集在一起，共同完成项目任务，推动企业的全球化发展和市场拓展。例如跨国公司可以通过在线协作平台进行跨国项目管理和团队合作，实现全球范围内的业务整合和资源共享，提高了企业的竞争力和创新能力。

数字劳动的转型在工作方式上表现为远程办公的普及、灵活用工的兴起和在线协作的广泛应用，这种变化不仅提高了劳动者的工作效率和工作满意度，还改变了企业的管理模式和市场竞争策略。通过理解和分析数字劳动工作方式的变化，可以更好地把握其在现代经济中的表现和未来的发展趋势，推动数字劳动的健康发展和社会进步。远程办公和灵活用工提高了劳动者的工作灵活性和自主性，降低了企业的运营成本和环境负担，在线协作提高了团队协作的效率和效果，推动了知识共享和创新，为劳动者和企业带来了新的机遇和挑战。

三、劳动关系的变化

随着数字经济的快速发展，劳动关系也在发生深刻的变化。传统的劳动关系基于雇主与雇员之间的稳定雇佣关系，而数字劳动则带来了更多样化、更灵活的劳动关系形式。这种变化不仅影响了劳动者的就业方式和职业发展，还对企业的用工策略和管理模式提出了新的挑战。以下探讨数字劳动背景下劳动关系的变化及其对劳动者和企业的影响。

（一）从长期雇佣到灵活用工

数字劳动推动了劳动关系从传统的长期雇佣向灵活用工的转变，劳动者和企业都更加注重灵活性和适应性。一是灵活用工模式使得劳动者可以根据个人需求和市场需求自由选择工作时间和工作内容，提升了工作满意度和职业发展空间。例如自由职业者和兼职劳动者可以根据自己的兴趣和专长选择项目和任务，自主安排工作时间和工作地点，提高了工作自主性和生活质量。这种灵活的用工模式不仅满足了劳动者对自由和灵活性的需求，也促进了劳动市场的多样化和灵活性。二是企业通过灵活用工模式可以根据业务需求和市场变化灵活调整用工策略，提高用工效率和成本效益。企业可以在业务高峰期招聘临时工、兼职工和自由职业者，以应对短期的业务需求和项目要求，减少了固定员工的成本负担和管理压力。例如电商平台在促销季节可以招聘大量的临时客服人员和物流人员，以应对订单量的激增，提高客户服务质量和订单处理效率。

（二）从固定劳动合同到项目制和合同制

数字劳动背景下，劳动关系从传统的固定劳动合同向项目制和合同制转变，劳动者和企业之间的关系更加灵活和多样化。一是项目制和合同制使得劳动者可以根据项目和任务的需要进行工作，不再受限于长期的固定劳动合同，工作内容和工作形式更加多样化和灵活化。例如许多技术类和创意类的工作，如软件开发、设计、写作等，越来越多地采用项目制和合同制的方式，劳动者根据项目需求签订短期合同，完成特定任务，提高了工作灵活性和职业发展空间。二是企业通过项目制和合同制可以灵活调整用工策略，根据项目和任务的需要招聘和管理劳动者，提高项目管理和资源配置的效率。例如企业在开发新产品或进行市场推广时，可以根据项目需求组建临时团队，招聘专业人才和外部专家，通过签订短期合同和项目协议进行合作，提高项目执行力和创新能力。三是项目制和合同制推动了数字劳动平台和中介服务的发展，劳动者和企业可以通过数字平台和中介服务进行项目和合同的匹配和管理，提高用工效率和管理水平。

（三）从雇主与雇员关系到合作伙伴关系

数字劳动背景下，劳动关系从传统的雇主与雇员关系向合作伙伴关系转变，劳动者和企业之间的关系更加平等和互利。一是合作伙伴关系使得劳动者和企业可以通过合作共赢的方式共同发展，劳动者不仅是企业的员工，更是企业的合作伙伴，共同承担风险和分享收益。例如许多数字平台和企业通过合伙制和股权激励的方式吸引和激励优秀人才，劳动者通过参与企业的决策和管理，与企业共同发展和成长，提高了工作积极性和企业忠诚度。二是合作伙伴关系使得劳动者和企业可以通过合作创新的方式共同进步，劳动者不仅是企业的执行者，更是企业的创新者，共同推动企业的发展和进步。例如许多企业通过创新实验室和创业孵化器的方式鼓励员工进行创新和创业，员工通过参与企业的创新项目和创业计划，与企业共同探索和开发新的产品和市场，提高了企业的创新能力和市场竞争力。三是合作伙伴关系使得劳动者和企业可以通过合作共享的方式共同受益，劳动者不仅是企业的工作者，更是企业的利益相关者，共同分享企业的发展和成果。例如许多企业通过利润分享和分红制度的方式与员工共享企业的发展和收益，员工通过参与企业的利润分享和分红计划，与企业共同分享发展的成果，提高了员工的工作积极性和企业的凝聚力。

数字劳动的转型在劳动关系上表现为从长期雇佣到灵活用工、从固定劳动合同到项目制和合同制、从雇主与雇员关系到合作伙伴关系的变化，这种变化不仅提高了劳动者的工作灵活性和自主性，还改变了企业的用工策略和管理模式。通过理解和分析数字劳动关系的变化，可以更好地把握其在现代经济中的表现和未来的发展趋势，推动数字劳动的健康发展和社会进步。灵活用工和项目制、合同制提高了劳动者的工作灵活性和多样性，降低了企业的用工成本和管理压力，合作伙伴关系提高了劳动者的工作积极性和企业的创新能力，为劳动者和企业带来了新的机遇和挑战。

四、劳动价值的变化

随着数字经济的快速发展，劳动价值的定义和评估标准也在发生深刻的变化。传统劳动价值主要依赖于劳动时间和体力输出，而数字劳动则更多地依赖于知识、技能和创新能力。理解劳动价值的变化对于企业制定薪酬策略和劳动者规划职业发展具有重要意义。以下探讨数字劳动背景下劳动价值的变化及其影响。

（一）从体力劳动到知识劳动

数字经济的发展使得劳动价值从依赖体力劳动转向依赖知识劳动，劳动者的知识和技能成为劳动价值的重要体现。一是数字劳动要求劳动者具备高水平的专业知识和技能，知识劳动者通过运用专业知识和技能为企业创造价值。例如程序员需要掌握各种编程语言和开发工具，数据分析师需要精通数据挖掘和统计分析方法，设计师需要具备创意和技术相结合的能力，这些专业知识和技能直接决定了劳动者的劳动价值。二是知识劳动提高了劳动者的工作效率和创新能力，劳动者通过不断学习和更新知识来提升自己的劳动价值。例如工程师通过学习新的技术和工艺提高产品研发效率和质量，市场营销人员通过掌握最新的数字营销工具和策略提高市场推广效果和客户转化率，知识劳动的高效性和创新性使得劳动者能够在短时间内创造更大的价值。

（二）从时间价值到成果价值

数字劳动背景下，劳动价值从传统的时间价值转向成果价值，劳动者的工作成果和绩效成为衡量劳动价值的重要标准。一是数字劳动更加注重工作成果和绩效，劳动者的薪酬和奖励与其工作成果直接挂钩。例如销售人员的收入主要来源于其销售业绩和客户转化率，程序员的绩效评价基于其开发的代码质量和功能实现，设计师的价值体现在其创作的设计作品和客户满意度上，这种成果导向的价值评估方式激励劳动者追求更高的工作成果和绩效。二是成果价值评估使得劳动者更加关注工作效率和质量，通过提升工作效率和质量来增加劳动价值。例如数据分析师通过提高数据处理和分析的准确性和速度为企业提供更有价值的决策支持，项目经理通过高效的项目管理和团队协作确保项目按时完成并达到预期效果，劳动者通过不断优化工作流程和方法提高工作成果和劳动价值。

(三) 从单一价值到多元价值

数字经济背景下，劳动价值呈现出多元化的发展趋势，劳动者的价值不仅体现在经济收益上，还包括社会价值和个人价值。一是劳动者通过创造经济价值提升自身的劳动价值，数字劳动者在为企业创造利润和增长的同时也提升了自身的职业地位和市场价值。例如顶尖的技术专家和创新者可以通过开发新技术和产品为企业带来巨大的经济效益，同时也获得高薪酬和职业声誉，成为行业内的标杆和楷模。二是劳动者通过创造社会价值提升自身的劳动价值，数字劳动者在推动社会进步和公共福利方面也发挥了重要作用。例如教育科技工作者通过开发在线教育平台和课程资源提高了教育的普及率和质量，医疗科技工作者通过研发数字健康应用和智能诊断工具提升了医疗服务的效率和效果，劳动者的社会价值不仅体现在经济收益上，还体现在对社会进步和人类福祉的贡献上。

数字劳动的转型在劳动价值上表现为从体力劳动到知识劳动、从时间价值到成果价值、从单一价值到多元价值的变化，这种变化不仅提高了劳动者的工作效率和工作质量，还改变了企业的绩效管理和激励机制。通过理解和分析数字劳动劳动价值的变化，可以更好地把握其在现代经济中的表现和未来的发展趋势，推动数字劳动的健康发展和社会进步。知识劳动、成果价值和多元价值的评估标准使得劳动者能够更好地发挥自己的专业能力和创新潜力，为企业和社会创造更大的价值，实现自身的职业理想和个人价值。

第四节　数字劳动面临的挑战

一、就业保障问题

随着数字经济的迅猛发展，数字劳动在带来机遇的同时也面临许多挑战，其中就业保障问题尤为突出。传统劳动关系中的就业保障机制在数字劳动环境下显得不够完善，劳动者的就业稳定性和福利待遇受到影响。解决就业保障问题对于推动数字劳动的健康发展和维护劳动者权益具有重要意义。以下探讨数字劳动背景下就业保障问题的具体表现及其影响。

（一）就业稳定性问题

数字劳动的灵活性和多样性在提高劳动者自由度的同时也带来了就业稳定性问题，劳动者面临的职业不确定性增加。一是数字劳动者往往以自由职业者、兼职工和合同工的身份进行工作，与传统的长期雇佣关系相比，他们的工作岗位更加不稳定。劳动者的工作任务和项目随时发生变化，收入来源不固定，职业生涯缺乏稳定性和保障。例如自由职业者在项目结束后需要花费大量时间寻找新的工作机会，兼职工和合同工的工作合同到期后面临失业风险。二是数字劳动市场的竞争激烈，劳动者面临更高的就业压力和职业不确定性。随着信息技术的普及和数字平台的广泛应用，越来越多的人进入数字劳动市场，导致市场竞争加剧。劳动者需要不断提升自己的技能和知识，才能在竞争激烈的市场中保持竞争力和就业机会。例如程序员和设计师需要不断学习新技术和工具，以适应快速变化的市场需求和客户要求。

（二）福利待遇问题

数字劳动者的福利待遇问题也是就业保障中的一个重要方面，由于缺乏传统的劳动合同和社会保障机制，劳动者的福利待遇往往得不到充分保障。一是数字劳动者通常没有固定的工资和福利，收入来源不稳定，经济保障较差。劳动者的收入主要依赖于项目和任务的完成情况，收入水平受市场需求和客户支付能力的影响较大。例如自由职业者和兼职工的收入往往不稳定，缺乏固定工资和基本福利保障，经济状况容易受到市场波动的影响。二是数字劳动者的社会保障覆盖率较低，医疗保险、养老保险等基本社会保障难以全面覆盖。由于缺乏传统的劳动合同和雇主提供的社会保障，许多数字劳动者无法享受全面的社会保障待遇，面临健康和养老等方面的风险。例如自由职业者和合同工通常需要自己购买医疗保险和养老保险,增加了经济负担和风险。三是数字劳动者的职业发展和培训机会有限,缺乏系统的职业培训和职业发展支持。数字劳动者通常依赖于个人的学习和培训,缺乏系统的职业发展规划和培训机会,职业成长和发展受到限制。例如许多自由职业者和兼职工缺乏企业提供的职业培训和发展机会,职业技能和知识的更新和提升主要依赖于个人的努力和投入,职业发展受到一定的制约。

(三) 劳动权益保护问题

数字劳动者的劳动权益保护问题也是就业保障中的一个重要方面,由于劳动关系的灵活性和多样性,劳动者的权益保护难度较大。一是数字劳动者的劳动合同和工作协议不够规范,劳动权益容易受到侵害。由于数字劳动的灵活性和多样性,许多劳动者与雇主之间没有签订正式的劳动合同,劳动权益难以得到有效保障。例如许多自由职业者和兼职工在工作过程中缺乏明确的劳动合同和工作协议,劳动权益受到侵害时难以维权。二是数字劳动者的工作时间和劳动强度难以得到有效监管,劳动权益保护存在困难。数字劳动者的工作时间和劳动强度往往不受固定的工作时间和劳动法律法规的限制,劳动者容易超时工作和过度劳累。例如许多自由职业者和兼职工在完成项目和任务时需要长时间工作,缺乏有效的工作时间管理和劳动强度保护,劳动权益容易受到侵害。

数字劳动背景下的就业保障问题主要体现在就业稳定性、福利待遇和劳动权益保护等方面,这些问题不仅影响了劳动者的工作稳定性和经济保障,还对企业的用工管理提出了新的挑战。通过理解和分析数字劳动就业保障问题,可以更好地把握其在现代经济中的表现和未来的发展趋势,推动数字劳动的健康发展和社会进步。解决就业保障问题需要政府、企业和社会的共同努力,通过完善法律法规和社会保障机制,提升劳动者的就业稳定性和福利待遇,保护劳动者的劳动权益,为数字劳动者创造更加公平和安全的工作环境。

二、劳动权益保护

随着数字经济的快速发展,数字劳动者的权益保护问题日益凸显。由于数字劳动的灵活性和非传统性,劳动者的权益在劳动合同、工作时间、劳动强度等方面面临新的挑战。保障数字劳动者的劳动权益对于维护劳动者的合法权益和推动数字经济的健康发展具有重要意义。以下探讨数字劳动背景下劳动权益保护的问题及其影响。

(一) 劳动合同和工作协议的规范性

数字劳动者的劳动合同和工作协议往往不够规范,劳动权益容易受到侵害,需强化合同和协议的规范性。一是许多数字劳动者以自由职业者或合同工的身份工作,缺乏正式的劳动合同和工作协议,劳动权益难以得到有效保障。例如自由职业者在接收项目和任务时,常常只通过口头约定或简单的电子邮件进行沟通,缺乏正式的书面合同。一旦发生纠纷,劳动者的权益保护难度加大。二是部分数字平台和企业与劳动者签订的合同条款不明确,劳动者的权益容易受到侵害。比如,有些平台和企业在合同中规定不合理的条款,如超长工作时间、低报酬标准、无休假权利等,劳动者在签订合同时往往处于弱势地位,难以维护自身权益。

(二) 工作时间和劳动强度的监管

数字劳动者的工作时间和劳动强度往往不受传统劳动法律法规的限制,劳动权益保护存在困难,需强化工作时间和劳动强度的监管。一是数字劳动的灵活性使得劳动者的工作时间不固定,容易超时工作和过度劳累,劳动权益难以得到保障。例如自由职业者和兼职工在完成项目和任务时,常常需要长时间工作,缺乏有效的工作时间管理,导致身体和心理健康受到影响。加强对数字劳动者工作时间的监管,对于保护劳动者的健康和权益具有重要意义。二是数字劳动者的工作强度往往较高,缺乏合理的休息和休假安排,劳动权益容易受到侵害。许多数字劳动者在完成紧急项目和任务时,需要连续工作数小时甚至数天,缺乏必要的休息和放松时间,工作强度过大。例如编程、设计、写作等高强度脑力劳动容易导致劳动者的身体和心理疲劳,影响工作效率和健康状况。

(三) 劳动争议的解决机制

数字劳动者在与平台和企业发生劳动争议时,缺乏有效的争议解决机制,劳动权益保护难度较大，需建立健全的劳动争议解决机制。一是数字劳动者在与平台和企业发生争议时，往往缺乏明确的法律依据和解决途径，劳动权益难以得到有效维护。例如自由职业者和兼职工在工资支付、工作时间、劳动条件等方面发生争议时，由于缺乏正式的劳动合同和法律保障，难以通过传统的劳动争议解决机制维护自身权益。二是数字劳动平台和企业在处理劳动争议时，往往处于强势地位，劳动者的权益容易受到侵害。许多平台和企业在制作劳动合同和工作协议时，倾向于维护自身利益，劳动者在争议解决过程中处于不利地位。例如部分平台在发生争议时，利用自身的技术和资源优势，限制劳动者的言论和行动，导致劳动者的权益受到侵害。

数字劳动背景下的劳动权益保护问题主要体现在劳动合同和工作协议的规范性、工作时间和劳动强度的监管以及劳动争议的解决机制等方面，这些问题不仅影响了劳动者的权益保障，还对企业的用工管理提出了新的挑战。通过理解和分析数字劳动劳动权益保护的问题，可以更好地把握其在现代经济中的表现和未来的发展趋势，推动数字劳动的健康发展和社会进步。解决劳动权益保护问题需要政府、企业和社会的共同努力，通过完善法律法规和监管机制，提升劳动者的法律意识和自我保护能力，为数字劳动者创造更加公平和安全的工作环境。

三、技能需求变化

在数字经济的推动下，劳动市场对技能的需求也在发生深刻的变化。这种变化不仅影响了劳动者的职业选择和职业发展，还对企业的人才管理和培训提出了新的要求。技能需求的变化需要劳动者不断学习和更新技能，以适应快速变化的技术环境和市场需求。以下探讨数字劳动背景下技能需求变化的具体表现及其影响。

（一）高科技技能的需求增加

随着数字技术的快速发展，高科技技能的需求显著增加，劳动者需要掌握更多的技术知识和操作技能，才能在竞争激烈的劳动市场中保持竞争力。一是随着大数据、人工智能、物联网等技术的广泛应用，劳动市场对高科技技能的需求日益增加。例如数据科学家、人工智能工程师和物联网专家等职位对专业技术技能有着极高的要求,劳动者需要掌握数据分析、机器学习、网络安全等方面的知识和技能,才能胜任这些高科技岗位。二是许多传统行业也开始引入数字技术,提高工作效率和竞争力,这进一步推动了对高科技技能的需求。例如制造业通过工业4.0和智能制造技术提高生产效率,医疗行业通过数字健康和远程医疗技术提升服务水平,这些变化使得劳动者需要掌握更多的数字技术和操作技能,才能适应行业发展的新要求。

(二) 软技能的重要性提升

除了高科技技能,软技能的重要性也在数字劳动背景下显著提升,劳动者需要具备良好的沟通能力、团队合作精神和创新能力,才能在复杂多变的工作环境中取得成功。一是数字劳动者常常需要与不同部门和团队进行跨部门合作和沟通,良好的沟通能力成为必备的软技能。例如项目经理需要与客户、开发团队和市场团队进行有效的沟通,确保项目按时完成并达到预期效果,数据分析师需要与业务部门合作,理解业务需求并提供数据支持,良好的沟通能力是成功完成工作的关键。二是团队合作精神在数字劳动中显得尤为重要,劳动者需要具备良好的团队合作能力,才能在团队中发挥更大的作用。例如软件开发团队通常由多个专业人员组成,包括程序员、测试工程师、UI/UX 设计师等,每个成员需要紧密合作,共同完成项目目标,团队合作精神和协作能力对于项目的成功至关重要。

(三) 跨学科技能的需求增加

随着数字经济的跨界融合和多学科交叉发展,劳动市场对跨学科技能的需求显著增加,劳动者需要具备多方面的知识和技能,才能适应多元化的工作环境和复杂的工作任务。一是跨学科技能的需求增加使得劳动者需要掌握多种学科的知识和技能,才能在跨界融合的工作环境中发挥作用。例如数据科学家不仅需要掌握数据分析和统计知识,还需要了解业务领域的知识,如金融、医疗、市场营销等,才能提供有针对性的数据支持和决策建议。二是跨学科技能的需求推动了教育和培训的多元化和综合化,劳动者需要通过多学科的学习和培训提升自己的综合素质和能力。例如许多高校和职业教育机构开始提供跨学科的课程和项目，如数据科学与商业分析、人工智能与金融科技等，帮助学生和劳动者掌握多方面的知识和技能，适应复杂多变的劳动市场需求。

数字劳动背景下技能需求的变化主要体现在高科技技能的需求增加、软技能的重要性提升和跨学科技能的需求增加等方面，这些变化不仅影响了劳动者的职业选择和职业发展，还对企业的人才管理和培训提出了新的要求。通过理解和分析数字劳动技能需求的变化，可以更好地把握其在现代经济中的表现和未来的发展趋势，推动数字劳动的健康发展和社会进步。劳动者需要通过持续学习和培训提升自己的技能水平和综合素质，企业需要通过科学合理的人才管理和培训机制提高员工的技能和竞争力，共同应对数字劳动背景下技能需求的变化和挑战。

四、数字劳动的社会影响

随着数字经济的迅猛发展，数字劳动的社会影响日益显著。数字劳动不仅改变了劳动者的工作方式和生活方式，还对社会结构、经济发展和文化传播产生了深远的影响。理解数字劳动的社会影响对于制定相关政策和推动社会进步具有重要意义。以下探讨数字劳动在社会层面的影响及其具体表现。

（一）劳动市场结构的变化

数字劳动推动了劳动市场结构的变化，传统的劳动市场模式和职业结构发生了深刻的变革。一是数字劳动催生了大量新兴职业和岗位，推动了劳动市场的多样化和创新发展。例如数据分析师、人工智能工程师、电子商务经理、社交媒体经理等新兴职业的出现，为劳动者提供了更多的就业机会和职业选择，丰富了劳动市场的职业结构。劳动者通过掌握新兴技术和技能，能够在数字经济中找到适合自己的职业发展路径。二是传统职业和岗位在数字劳动的影响下发生了转型和升级，劳动者需要不断提升自己的技能和知识，才能适应市场需求。例如制造业和服务业通过引入智能制造和数字化服务，实现了生产效率和服务质量的提升，传统的工人和服务人员需要掌握新的技术和操作方法，才能在数字劳动环境中保持竞争力。

（二）经济发展的推动力

数字劳动对经济发展具有重要的推动作用，通过提高生产效率和促进创新，为经济增长和社会进步注入了新的动力。一是数字劳动通过提升生产效率和降低成本，推动了企业的竞争力和经济效益的提升。例如企业通过引入数字化工具和自动化技术，提高了生产效率和产品质量，降低了生产成本和资源消耗，实现了更高的经济效益。数字劳动者通过掌握新技术和技能，能够为企业带来更多的创新和价值，推动了经济的持续增长和发展。二是数字劳动推动了创新和创业的发展，促进了经济的多样化和活力。例如数字平台和技术为创业者提供了更多的创业机会和资源支持，越来越多的创业者通过数字劳动实现了自己的创业梦想和事业发展。创新型企业和初创公司通过数字技术和商业模式的创新，推动了行业的发展和经济的繁荣，成为经济发展的重要引擎。

（三）社会文化的传播与变革

数字劳动不仅影响了经济和劳动市场，还对社会文化的传播和变革产生了深远的影响，推动了社会文化的多样化和全球化发展。一是数字劳动通过数字平台和社交媒体，促进了文化的传播和交流，丰富了社会文化的多样性。例如数字内容创作者通过社交媒体和数字平台分享自己的作品和观点，推动了文化的传播和交流，形成了丰富多样的文化生态系统。全球各地的人们通过数字平台了解和体验不同的文化，增强了文化的认同感和包容性，推动了社会文化的多样化发展。二是数字劳动通过数字化工具和技术，推动了文化创意产业的发展和繁荣，提升了社会文化的创新能力和影响力。例如数字技术在电影、音乐、游戏等文化创意产业中的应用，提高了文化产品的制作水平和传播效果，推动了文化创意产业的繁荣和发展。数字劳动者通过创新和创意，为文化创意产业注入了新的活力和动力，提升了文化产品的竞争力和影响力。

数字劳动的社会影响主要体现在劳动市场结构的变化、经济发展的推动力和社会文化的传播与变革等方面，这些影响不仅推动了劳动市场和经济的创新和发展，还促进了社会文化的多样化和全球化。通过理解和分析数字劳动的社会影响，可以更好地把握其在现代社会中的表现和未来的发展趋势，推动数字劳动的健康发展和社会进步。数字劳动通过提升生产效率、促进创新和推动全球化，为经济发展注入了新的动力，通过文化传播和教育普及，提升了社会的文化素质和创新能力，为社会的繁荣和进步做出了重要贡献。

第三章　数字资本的形成与运作

第一节　数字资本的概念与主要形式

一、数字资本的基本内涵

随着数字经济的迅猛发展，数字资本作为一种新型资本形式，在现代经济中扮演着越来越重要的角色。数字资本不仅改变了传统资本的定义和运作方式，还对企业的竞争力和经济增长产生了深远影响。理解数字资本的基本内涵对于把握数字经济的运行机制和制定相关政策具有重要意义。以下探讨数字资本的基本内涵及其具体表现。

（一）数字资本的定义

数字资本是指通过信息技术和数字平台积累和管理的各种形式的资本，它包括数据、知识、技术、数字资产等，这些资本在数字经济中发挥着重要作用。

一是数据作为数字资本的重要组成部分，已经成为企业和组织的重要资源和资产。数据不仅包含消费者行为、市场动态、生产过程等各种信息，还可以通过数据分析和挖掘为企业提供决策支持和战略指导。企业通过积累和管理大量的数据，可以提升其市场竞争力和运营效率，数据已经成为企业最宝贵的数字资本之一。二是知识和技术也是数字资本的重要组成部分，知识和技术的积累和创新是企业提升竞争力和实现可持续发展的关键因素。例如企业通过研发和技术创新，积累了大量的专利、技术诀窍和专业知识，这些无形资产构成了企业的重要数字资本。企业通过技术转让和知识共享，可以实现技术的扩散和应用，提升行业和社会的整体技术水平。

（二）数字资本的特征

数字资本作为一种新型资本形式，具有一些特征，这些特征不仅区别于传统资本，还决定了其在数字经济中的重要地位和作用。一是数字资本具有高度的可扩展性和可复制性，数字资本可以通过数字平台和信息技术实现快速的扩展和复制。例如数据和信息可以通过互联网和云计算平台进行存储、传输和共享，知识和技术可以通过在线教育和培训平台进行传播和应用，数字资产可以通过数字市场和交易平台进行交易和流通，这些特征使得数字资本能够在短时间内实现大规模的积累和扩展。二是数字资本具有较高的流动性和灵活性，数字资本可以在全球范围内进行流动和交易，提高了资本的利用效率和价值实现。例如企业可以通过数字平台和技术手段实现全球范围内的数据共享和合作，技术和知识可以通过跨国技术转让和合作项目进行应用和扩散，数字资产可以通过全球数字市场进行交易和投资，这些特征使得数字资本能够在全球范围内实现高效的流动和配置。三是数字资本具有较高的创新性和增值性，数字资本通过创新和应用可以实现持续的增值和价值提升。例如数据通过大数据分析和挖掘可以产生新的商业价值和决策支持，技术通过研发和应用可以实现新的产品和服务，数字资产通过市场交易和投资可以实现价值的增值和提升，这些特征使得数字资本在数字经济中具有重要的创新和增值作用。

（三）数字资本的作用

数字资本在现代经济中发挥着重要作用，不仅推动了企业的创新和发展，还对经济增长和社会进步产生了积极影响。一是数字资本通过提升企业的竞争力和运营效率，推动了企业的创新和发展。企业通过积累和管理数字资本，可以提升其市场竞争力和运营效率，实现业务的持续增长和发展。例如企业通过数据分析和决策支持，可以优化生产和销售流程，提高产品质量和客户满意度，通过技术创新和知识共享，可以实现产品和服务的升级和改进，提高市场份额和盈利能力。二是数字资本通过促进技术的扩散和应用，推动了经济增长和社会进步。数字资本的积累和管理不仅提升了企业的技术水平和创新能力，还推动了行业和社会的整体技术进步和经济增长。例如企业通过技术转让和合作项目，可以实现技术的扩散和应用，提高行业的整体技术水平和竞争力，通过知识共享和教育培训，可以提升社会的整体知识水平和创新能力，推动经济的持续增长和社会的进步。

数字资本作为一种新型资本形式，其基本内涵包括数据、知识、技术和数字资产等，具有高度的可扩展性、可复制性、流动性和创新性，这些特征使得数字资本在数字经济中具有重要的地位和作用。通过理解和分析数字资本的基本内涵，可以更好地把握其在现代经济中的表现和未来的发展趋势，推动数字资本的健康发展和经济的持续增长。数字资本通过提升企业的竞争力和运营效率、促进技术的扩散和应用、提升资源的利用效率和价值实现，为企业和社会创造了新的价值和机遇，推动了经济和社会的进步和发展。

二、数字资本的主要形式

数字资本作为现代经济中的重要组成部分，涵盖了多种形式的资产和资源。这些形式的数字资本在不同的领域和行业中发挥着重要作用，为企业和社会创造了巨大的价值。理解数字资本的主要形式对于把握数字经济的运行机制和制定相关政策具有重要意义。以下探讨数字资本的主要形式及其具体表现。

（一）数据资本

数据资本是数字资本的核心组成部分，指的是通过数据的收集、存储、分析和应用所形成的资本，这些数据为企业和组织提供了宝贵的资源和信息。一是数据资本通过数据的收集和存储，为企业和组织积累了大量的基础数据和信息资源。例如企业通过市场调研和用户反馈收集了大量的消费者数据，通过生产过程和业务运营积累了大量的运营数据，这些数据构成了企业的重要数据资本。通过对这些数据进行有效的管理和存储，企业可以为后续的数据分析和应用提供坚实的基础。二是数据资本通过数据分析和挖掘，为企业和组织提供了深刻的洞察和决策支持。企业通过数据分析工具和技术，对大量的数据进行处理和分析，挖掘其中的有价值信息和规律，为企业的战略决策和运营管理提供科学的依据。例如通过数据分析，企业可以了解市场趋势和消费者需求，优化产品和服务，提高市场竞争力和客户满意度。具体来说企业可以通过数据分析了解不同消费者群体的偏好和购买行为，从而制定有针对性的市场营销策略，提升销售业绩。此外通过对运营数据的分析，企业还可以发现生产过程中的瓶颈和问题，优化生产流程，提高生产效率和产品质量。三是数据资本通过数据的共享和应用，实现了数据价值的增值和扩展。企业和组织可以通过数据共享平台和合作项目，与其他企业和机构共享数据资源，实现数据的互通和价值增值。例如跨行业的数据共享和合作可以推动技术创新和业务模式的变革，提高行业的整体竞争力和发展水平。具体而言，企业可以与合作伙伴共享供应链数据，实现供应链的协同优化和成本降低；通过与科研机构共享技术数据，推动新技术的研发和应用，促进产品创新和技术进步。

此外，数据资本还在数字经济时代的商业模式创新中发挥着重要作用。企业通过对数据的深度挖掘和应用，可以开发出新的商业模式和服务。例如基于大数据分析的个性化推荐系统，使得电商平台能够根据消费者的历史行为和偏好，向其推荐最适合的产品，从而提升用户体验和销售转化率。再如数据驱动的精准广告投放，可以使广告主根据用户的行为数据进行精准营销，提高广告投放的效果和投资回报率。最后数据资本的形成和运作也面临着一些挑战，数据的收集和存储需要巨大的技术投入和管理成本，数据隐私和安全问题也引发了广泛关注和讨论，企业在利用数据资本时，需要严格遵守相关法律法规，保护用户的隐私权，确保数据的安全和合规使用。同时随着数据量的不断增长，数据分析和挖掘的复杂性也在增加，企业需要不断提升数据处理和分析能力，以充分挖掘数据的潜在价值。

(二) 知识资本

知识资本是指企业和组织通过研发、创新和知识管理所积累的知识、技术和专利等无形资产，这些资产为企业的持续创新和竞争力提供了重要支撑。一是知识资本通过研发和创新活动，为企业积累了大量的技术知识和专业技能。企业通过持续的研发投入和技术创新，掌握了行业内的前沿技术和专业知识，形成了独特的技术优势和竞争力。例如科技公司通过自主研发和技术攻关，积累了大量的专利和技术诀窍，这些知识资本为企业的持续发展和技术领先提供了有力支持。二是知识资本通过知识管理和知识共享，提高了企业的知识应用和创新能力。企业通过建立完善的知识管理体系和平台，实现了知识的有效管理和共享，促进了知识的应用和创新。例如企业通过内部的知识库和在线培训平台，分享和传播知识和经验，提高了员工的专业水平和创新能力，推动了企业的整体发展和进步。三是知识资本通过技术转让和合作项目，实现了知识价值的扩展和增值。企业通过技术转让和合作项目，将自身的技术和知识应用到更多的领域和市场，实现了知识价值的扩展和增值。例如企业通过与科研机构和高校的合作，将最新的技术和研究成果转化为实际应用，提高了技术的市场价值和社会影响力。

(三) 数字资产

数字资产是指以数字形式存在的资产，包括软件、数字内容、虚拟货币等，这些资产在数字经济中具有重要的价值和影响。一是软件作为重要的数字资产，为企业的运营和管理提供了强大的工具和支持。企业通过开发和应用各种软件系统，实现了业务流程的自动化和信息化，提高了运营效率和管理水平。例如企业通过 ERP 系统和 CRM 系统实现了资源管理和客户关系管理的数字化和智能化，提高了企业的运营效率和客户服务水平。二是数字内容作为重要的数字资产，为企业和个人提供了丰富的文化和信息资源。数字内容包括电子书、音乐、视频、游戏等，这些内容不仅丰富了人们的娱乐和文化生活，还为企业创造了巨大的经济价值。例如影视公司通过制作和发行电影和电视剧，积累了大量的数字内容资产，通过版权和发行获得了丰厚的收入，推动了文化产业的发展和繁荣。

数字资本的主要形式包括数据资本、知识资本和数字资产等，这些形式的数字资本在不同的领域和行业中发挥着重要作用，为企业和社会创造了巨大的价值。通过理解和分析数字资本的主要形式，可以更好地把握其在现代经济中的表现和未来的发展趋势，推动数字资本的健康发展和经济的持续增长。数据资本通过数据的收集、分析和应用，为企业提供了宝贵的资源和信息，知识资本通过研发、创新和知识管理，为企业的持续创新和竞争力提供了重要支撑，数字资产通过软件、数字内容和虚拟货币等形式，为企业和个人创造了丰富的文化和经济价值。

三、数字资本与传统资本的区别

随着数字经济的不断发展，数字资本作为一种新型资本形式，逐渐在经济活动中占据重要地位。相比传统资本，数字资本在特性、形成方式和价值实现方面具有显著差异。理解数字资本与传统资本的区别，对于把握数字经济的运作规律和制定相关政策具有重要意义。以下探讨数字资本与传统资本的主要区别。

（一）资本特性的差异

数字资本和传统资本在特性上存在显著差异，这些差异决定了它们在经济活动中的不同作用和表现。一是数字资本具有高度的可扩展性和可复制性。数字资本可以通过信息技术和数字平台实现快速的扩展和复制。例如数据和信息可以通过互联网和云计算平台进行存储、传输和共享，知识和技术可以通过在线教育和培训平台进行传播和应用，数字资产可以通过数字市场和交易平台进行交易和流通，这些特性使得数字资本能够在短时间内实现大规模的积累和扩展。二是数字资本具有较高的流动性和灵活性。数字资本可以在全球范围内进行流动和交易，提高了资本的利用效率和价值实现。例如企业可以通过数字平台和技术手段实现全球范围内的数据共享和合作，技术和知识可以通过跨国技术转让和合作项目进行应用和扩散，数字资产可以通过全球数字市场进行交易和投资，这些特性使得数字资本能够在全球范围内实现高效的流动和配置。三是数字资本具有较高的创新性和增值性。数字资本通过创新和应用可以实现持续的增值和价值提升。例如数据通过大数据分析和挖掘可以产生新的商业价值和决策支持，技术通过研发和应用可以实现新的产品和服务，数字资产通过市场交易和投资可以实现价值的增值和提升，这些特性使得数字资本在数字经济中具有重要的创新和增值作用。

（二）资本形成方式的差异

数字资本和传统资本在形成方式上存在显著差异。这些差异决定了它们在经济活动中的不同来源和积累过程。一是数字资本的形成依赖于信息技术和数字平台，企业和个人通过信息技术和数字平台积累和管理数字资本。例如企业通过互联网和社交媒体平台收集和存储数据，通过云计算和大数据技术进行数据分析和处理，通过数字平台和在线教育进行知识传播和技术应用，这些信息技术和数字平台是数字资本形成的基础和工具。二是数字资本的形成过程更加快速和高效，企业和个人可以通过数字化手段实现快速的资本积累和扩展。例如企业通过数字化转型和技术创新，迅速积累了大量的数据和技术资本，个人通过在线学习和职业培训，快速提升了自身的知识和技能资本，这些快速和高效的资本形成过程，使得数字资本在短时间内实现了大规模的积累和扩展。三是数字资本的形成方式更加灵活和多样，企业和个人可以通过多种途径和方式积累和管理数字资本。例如企业可以通过自主研发和技术创新积累技术资本，通过市场调研和用户反馈收集数据资本，通过知识管理和技术转让实现知识资本的扩展和增值，个人可以通过在线学习和职业培训提升知识资本，通过数字平台和社交媒体积累社交资本，这些灵活和多样的形成方式，使得数字资本在不同领域和行业中发挥了重要作用。

(三) 资本价值实现的差异

数字资本和传统资本在价值实现上存在显著差异，这些差异决定了它们在经济活动中的不同价值实现方式和路径。一是数字资本的价值实现依赖于信息技术和数字平台，企业和个人通过信息技术和数字平台实现数字资本的价值增值和提升。例如企业通过大数据分析和挖掘实现数据资本的商业价值，通过技术转让和合作项目实现技术资本的市场价值，通过数字内容创作和发行实现数字资产的经济价值，个人通过在线教育和职业培训提升知识资本的职业价值，通过社交媒体和数字平台实现社交资本的影响力和市场价值。二是数字资本的价值实现过程更加快速和高效，企业和个人可以通过数字化手段实现快速的价值增值和提升。例如企业通过数字化转型和技术创新，实现了生产效率和产品质量的提升，个人通过在线学习和职业培训，迅速提升了自身的职业能力和市场价值，这些快速和高效的价值实现过程，使得数字资本在短时间内实现了大规模的增值和提升。三是数字资本的价值实现方式更加灵活和多样，企业和个人可以通过多种途径和方式实现数字资本的价值增值和提升。例如企业可以通过市场交易和投资实现数字资产的经济价值，通过知识共享和技术转让实现知识资本的市场价值，通过大数据分析和挖掘实现数据资本的商业价值，个人可以通过职业发展和创业实现知识资本的职业价值，通过社交媒体和数字平台实现社交资本的影响力和市场价值，这些灵活和多样的价值实现方式，使得数字资本在不同领域和行业中发挥了重要作用。

数字资本与传统资本在特性、形成方式和价值实现上存在显著差异，这些差异不仅决定了它们在经济活动中的不同作用和表现，还对企业和个人的资本管理和价值实现提出了新的挑战和机遇。通过理解和分析数字资本与传统资本的区别，可以更好地把握其在现代经济中的表现和未来的发展趋势，推动数字资本的健康发展和经济的持续增长。数字资本通过其高度的可扩展性、流动性和创新性，在数字经济中发挥了重要的作用，通过信息技术和数字平台实现了快速的形成和价值增值，为企业和个人创造了新的价值和机遇，推动了经济和社会的进步。

第二节　数字资本的特征

一、高流动性

数字资本作为一种新兴资本形式，与传统资本相比具有显著的高流动性。这种高流动性体现在资本的获取、交易和配置等多个方面。高流动性不仅提高了资本的利用效率，还促进了市场的灵活性和经济的活力。理解数字资本的高流动性对于把握数字经济的特点和推动资本市场的发展具有重要意义。以下探讨数字资本高流动性的具体表现及其影响。

（一）获取和交易的便捷性

数字资本的高流动性体现在其获取和交易的便捷性上，信息技术和数字平台的广泛应用使得数字资本的获取和交易变得更加快捷和高效。一是数字资本可以通过互联网和数字平台快速获取和积累,劳动者和企业可以通过在线学习、数据收集和技术开发等方式快速积累数字资本。例如个人可以通过在线课程和培训提升自己的知识资本,企业可以通过市场调研和用户反馈积累数据资本,技术公司可以通过研发和创新积累技术资本,这些获取过程都可以通过数字平台和信息技术实现,大大提高了资本的获取效率。二是数字资本的交易过程更加便捷和高效,数字平台和市场为数字资本的交易提供了便利的途径和工具。例如数字资产可以通过在线交易平台进行买卖,知识资本可以通过技术转让和专利交易实现价值,数据资本可以通过数据市场和数据交换平台进行交易和共享,这些交易过程都可以通过数字平台和信息技术实现,大大提高了资本的交易效率。三是数字资本的获取和交易成本较低,信息技术和数字平台的应用减少了资本获取和交易的中介环节和成本。例如企业和个人可以通过数字平台直接进行资本获取和交易,减少了中间环节和成本,提高了资本的获取和交易效率。这种便捷和高效的获取和交易过程,使得数字资本具有高度的流动性,推动了资本市场的发展,并使经济发展更具活力。

(二) 全球范围内的流动

数字资本的高流动性还体现在其全球范围内的流动性上,信息技术和数字平台的全球化应用使得数字资本可以在全球范围内进行流动和配置。一是数字资本可以通过互联网和数字平台在全球范围内进行存储和传输,企业和个人可以通过跨国合作和数据共享实现全球化的资本流动。例如跨国公司可以通过全球数据中心和云计算平台实现全球范围内的数据存储和传输,国际技术合作项目可以通过数字平台实现全球范围内的技术共享和应用,这些全球化的存储和传输过程,使得数字资本具有高度的全球流动性。二是数字资本可以通过全球市场和交易平台进行交易和投资,企业和个人可以通过全球市场和交易平台实现资本的全球流动和配置。例如虚拟货币可以通过全球交易平台进行买卖和投资,数字资产可以通过全球市场进行交易和投资,知识资本可以通过国际技术转让和合作项目实现全球化的应用和扩展,这些全球化的交易和投资过程,使得数字资本具有高度的全球流动性。三是数字资本的全球流动性促进了跨国合作和全球经济一体化，企业和个人可以通过全球化的资本流动实现资源的优化配置和经济的发展。例如企业通过跨国合作和技术共享实现了技术的全球化应用和创新，个人通过跨国学习和职业发展实现了知识资本的全球化积累和应用，这些全球化的合作和发展过程，使得数字资本具有高度的全球流动性，推动了全球经济的一体化和发展。

（三）即时性和实时性

数字资本的高流动性还体现在其即时性和实时性上，信息技术和数字平台的应用使得数字资本的流动和交易可以实现即时性和实时性。一是数字资本的获取和积累可以实现即时性，企业和个人可以通过信息技术和数字平台实时获取和积累数字资本。例如企业可以通过实时的数据采集和分析系统实时获取和积累数据资本，个人可以通过在线学习平台实时获取和积累知识资本，技术公司可以通过实时的研发和创新系统实时获取和积累技术资本，这些即时性的获取和积累过程，使得数字资本具有高度的流动性。二是数字资本的交易和投资可以实现实时性，数字平台和市场为数字资本的交易和投资提供了实时的交易工具和途径。例如数字资产的买卖可以通过实时的交易平台进行，知识资本的转让可以通过实时的技术转让平台进行，数据资本的交易可以通过实时的数据交易平台进行，这些实时性的交易和投资过程，使得数字资本具有高度的流动性。三是数字资本的管理和应用可以实现即时性，企业和个人可以通过信息技术和数字平台实时管理和应用数字资本。例如企业可以通过实时的数据管理系统实时管理和应用数据资本，个人可以通过实时的知识管理系统实时管理和应用知识资本，技术公司可以通过实时的技术管理系统实时管理和应用技术资本，这些即时性的管理和应用过程，使得数字资本具有高度的流动性。

数字资本的高流动性主要体现在获取和交易的便捷性、全球范围内的流动性以及即时性和实时性等方面，这些特性使得数字资本在现代经济中具有重要的地位和作用。通过理解和分析数字资本的高流动性，可以更好地把握其在现代经济中的表现和未来的发展趋势，推动数字资本的健康发展和经济的持续增长。数字资本通过信息技术和数字平台实现了快速的获取和交易、全球范围内的流动以及即时性和实时性的管理和应用,为企业和个人创造了新的价值和机遇,推动了资本市场的发展。

二、信息驱动

数字资本的一个显著特征是其信息驱动性。信息驱动是指数字资本的形成、管理和应用依赖于大量的信息和数据。随着信息技术和数字经济的发展,信息成为推动数字资本增值和创新的核心要素。理解数字资本的信息驱动特性对于把握数字经济的运行机制和制定相关政策具有重要意义。以下探讨数字资本信息驱动的具体表现及其影响。

(一)信息收集和积累

数字资本的信息驱动特性体现在信息的收集和积累上,企业和个人通过多种途径收集和积累大量的信息和数据,这些信息和数据构成了数字资本的基础。一是企业通过市场调研和用户反馈收集大量的市场信息和消费者数据,这些信息和数据为企业的产品开发、市场营销和决策支持提供了重要依据。例如企业通过在线问卷调查和社交媒体监测收集消费者的偏好和需求,通过销售数据和市场分析了解市场趋势和竞争动态,这些信息和数据为企业的市场战略和产品定位提供了科学依据。二是个人通过在线学习和职业培训积累大量的知识和技能信息,这些知识和技能信息构成了个人的知识资本。例如个人通过在线课程和培训项目学习专业知识和技能,通过职业认证和实践经验积累专业经验和能力,这些知识和技能信息为个人的职业发展和职业竞争力提供了重要支持。

(二)信息分析和处理

数字资本的信息驱动特性还体现在信息的分析和处理上,企业和个人通过信息技术和数据分析工具对大量的信息和数据进行处理和分析,提取有价值的信息和知识,实现信息的增值和应用。一是企业通过大数据分析和人工智能技术对市场信息和消费者数据进行分析和处理,提取有价值的商业信息和决策支持。例如企业通过大数据分析工具对销售数据和市场信息进行分析,发现市场趋势和消费者行为模式，为产品开发和市场营销提供科学依据，通过人工智能技术对用户反馈和行为数据进行分析，预测消费者需求和市场变化，为市场战略和决策提供支持。二是个人通过知识管理和信息处理工具对学习和工作中的知识和信息进行整理和应用，提升个人的知识资本和职业能力。例如个人通过知识管理系统对学习笔记和职业培训资料进行整理和归档，通过信息处理工具对工作中的数据和资料进行分析和总结，提高工作效率和专业能力，通过持续学习和知识更新保持职业竞争力和发展潜力。

（三）信息共享和应用

数字资本的信息驱动特性还体现在信息的共享和应用上，企业和个人通过信息技术和数字平台实现信息的共享和应用，推动数字资本的增值和扩展。一是企业通过信息共享平台和合作项目与其他企业和机构共享市场信息和技术知识，实现信息的增值和应用。例如企业通过行业协会和技术联盟与其他企业共享市场信息和技术知识，通过合作研发和技术转让实现技术知识的应用和扩展，通过信息共享和合作实现技术创新和市场竞争力的提升。二是个人通过在线社区和社交平台与其他专业人士和同行分享知识和经验，实现知识的共享和应用。例如个人通过在线论坛和社交平台与同行分享职业经验和专业知识，通过在线课程和培训项目与其他学员分享学习心得和知识，通过知识共享和交流实现个人知识资本的增值和职业能力的提升。

数字资本的信息驱动特性主要体现在信息的收集和积累、信息的分析和处理以及信息的共享和应用等方面，这些特性使得数字资本在现代经济中具有重要的地位和作用。通过理解和分析数字资本的信息驱动特性，可以更好地把握其在现代经济中的表现和未来的发展趋势，推动数字资本的健康发展和经济的持续增长。信息驱动使得数字资本能够通过信息的收集、分析和共享实现快速的增值和应用，为企业和个人创造了新的价值和机遇，推动了资本市场的发展。

三、技术依赖

数字资本的形成和运作高度依赖于先进的技术手段。技术依赖是数字资本的显著特征，它不仅决定了数字资本的积累和管理方式，还影响了数字资本的价值实现和增值途径。理解数字资本的技术依赖特性对于把握数字经济的运作机制和推动技术创新具有重要意义。以下探讨数字资本技术依赖的具体表现及其影响。

（一）数据处理和存储技术

数字资本的积累和管理依赖于先进的数据处理和存储技术，企业和个人通过这些技术实现对大量数据的高效管理和利用。一是数据处理技术使得企业能够快速分析和处理大量数据，提取有价值的信息和洞察。例如企业通过使用大数据分析工具对市场数据和消费者行为进行分析，发现市场趋势和消费者需求，通过数据挖掘技术对历史数据进行分析，预测未来的市场变化和业务发展，为企业的战略决策提供科学依据。二是数据存储技术为数字资本的积累提供了稳定和高效的存储解决方案，确保数据的安全性和可用性。云计算技术和分布式存储系统使得企业能够在云端存储和管理大量数据，实现数据的高效存储和访问。例如企业通过使用云存储服务，将数据存储在云端，实现数据的备份和恢复，提高数据的安全性和可靠性。

（二）网络和通信技术

数字资本的流动和交易依赖于先进的网络和通信技术，这些技术使得数字资本能够在全球范围内高效流动和交易。一是网络技术使得数字资本的流动更加快捷和高效，企业和个人可以通过互联网实现数据和信息的快速传输和共享。例如企业通过使用高速宽带和光纤网络，实现全球范围内的数据传输和业务协同，个人通过使用移动互联网和无线网络，实现随时随地的知识获取和信息共享，推动了数字资本的快速流动和应用。二是通信技术为数字资本的交易提供了安全和便捷的交易途径，确保交易过程的高效和可靠。区块链技术和加密通信技术使得数字资本的交易更加安全和透明，实现了去中心化和可信赖的交易环境。例如企业通过使用区块链技术进行数字资产的交易和管理，实现了资产的高效流动和价值增值，个人通过使用加密通信技术保护隐私和数据安全，确保信息的安全传输和共享。

（三）安全和保护技术

数字资本的安全和保护依赖于先进的安全技术，这些技术确保了数字资本的完整性和保密性，防止数据泄露和非法访问。一是数据加密技术为数字资本的保护提供了有效的技术手段，确保数据在传输和存储过程中的安全性和保密性。例如企业通过使用数据加密技术对敏感数据进行加密处理，防止数据在传输过程中的泄露和窃取，个人通过使用加密软件保护个人隐私和数据安全，确保信息的安全传输和存储。二是访问控制技术为数字资本的管理提供了安全的访问控制机制，确保只有授权用户才能访问和使用数据。例如企业通过使用访问控制技术对数据和系统进行权限管理，防止未经授权的用户访问和操作数据，个人通过使用身份验证技术保护个人账户和数据安全，确保只有合法用户才能访问和使用信息。三是安全监控和审计技术为数字资本的安全管理提供了全面的监控和审计手段，确保数据的安全性和合规性。例如企业通过使用安全监控技术对系统和网络进行实时监控，及时发现和处理安全威胁和风险，个人通过使用安全审计技术对数据访问和操作进行审计和记录，确保数据的安全使用和管理。

数字资本的技术依赖特性主要体现在数据处理和存储技术、网络和通信技术以及安全和保护技术等方面，这些技术使得数字资本在现代经济中具有重要的地位和作用。通过理解和分析数字资本的技术依赖特性，可以更好地把握其在现代经济中的表现和未来的发展趋势，推动数字资本的健康发展和经济的持续增长。技术依赖使得数字资本能够通过先进的技术手段实现高效的管理和应用，为企业和个人创造了新的价值和机遇，推动了资本市场的发展。

四、创新导向

数字资本的创新导向特性使其在现代经济中具有独特的地位和影响。创新导向意味着数字资本不仅依赖于现有的技术和资源，还通过不断的创新和研发推动自身的增值和扩展。数字资本的创新导向特性对企业的竞争力和经济的可持续发展起到了关键作用。以下探讨数字资本的创新导向特性及其具体表现。

(一) 技术创新的推动

数字资本的创新导向体现在技术创新的推动上，企业通过持续的技术创新积累和提升数字资本，实现竞争优势和市场价值。一是企业通过研发和创新活动，不断开发新的技术和产品，提升自身的技术资本。例如科技公司通过自主研发和技术攻关，开发出具有竞争力的新技术和产品，提升企业的技术水平和市场竞争力。通过技术创新，企业不仅能够满足市场需求，还能引领行业发展，巩固自身的市场地位。二是企业通过技术创新实现业务模式的创新和转型，推动数字资本的增值和应用。例如传统企业通过数字化转型和技术创新，开发出新的业务模式和服务方式，实现了从传统业务向数字业务的转型，提升了企业的市场竞争力和盈利能力。通过技术创新，企业能够拓展新的市场和业务领域，推动数字资本的增值和扩展。

(二) 产品和服务创新

数字资本的创新导向还体现在产品和服务的创新上，企业通过不断的产品和服务创新提升用户体验和市场竞争力，实现数字资本的增值和扩展。一是企业通过创新产品和服务满足市场需求和用户期望，提升产品和服务的市场价值和竞争力。例如互联网公司通过开发创新的应用和平台，提供个性化和定制化的服务，满足用户的多样化需求，提升用户满意度和忠诚度。通过产品和服务创新，企业能够吸引更多的用户和市场资源，实现数字资本的快速增值和扩展。二是企业通过创新产品和服务提高运营效率和服务质量，提升企业的市场竞争力和盈利能力。例如电商企业通过创新物流和供应链管理，提高配送效率和服务质量，提升用户购物体验和满意度，通过创新支付和金融服务，提供便捷和安全的支付方式，提升用户信任度和交易量。通过产品和服务创新，企业能够提高运营效率和服务质量，推动数字资本的增值和应用。

数字资本的创新导向特性主要体现在技术创新和产品服务创新上，这些创新不仅推动了企业的技术进步和业务模式转型，还提升了企业的市场竞争力和盈利能力。通过理解和分析数字资本的创新导向特性，可以更好地把握其在现代经济中的表现和未来的发展趋势，推动数字资本的健康发展和经济的持续增长。创新导向使得数字资本能够通过持续的技术和产品服务创新，实现自身的增值和扩展，为企业和个人创造了新的价值和机遇，推动了资本市场的发展。

第三节 数字资本的形成

一、资本积累过程

数字资本的形成是一个复杂而持续的过程，涉及多方面的资源整合和技术创新。资本积累过程是数字资本形成的基础，通过不断的资源投入和技术进步，企业和个人能够逐步积累和扩大数字资本，从而提升市场竞争力和经济效益。理解数字资本的资本积累过程对于把握数字经济的发展规律和推动企业创新具有重要意义。以下探讨数字资本的资本积累过程及其具体表现。

（一）数据和信息的持续积累

数字资本的积累依赖于数据和信息的持续积累，企业和个人通过多种途径不断收集和管理数据和信息，为数字资本的形成打下基础。一是企业通过市场调研和用户反馈不断积累市场数据和消费者信息，这些数据和信息为企业的产品开发和市场战略提供了重要支持[1]。例如企业通过在线问卷调查和社交媒体监测收集消费者的偏好和需求，通过销售数据和市场分析了解市场趋势和竞争动态，这些数据和信息的积累为企业制定科学的市场策略和产品定位提供了有力依据。二是个人通过在线学习和职业培训不断积累知识和技能信息，这些知识和技能信息构成了个人的知识资本。例如个人通过在线课程和培训项目学习专业知识和技能，通过职业认证和实践经验积累专业经验和能力，这些知识和技能信息的积累为个人的职业发展和竞争力提供了重要支持。

---

[1] 邱卫东，陈晓颜. 数字资本主义"中心—散点"结构：形态演进、本质透视及现实启示 [J]. 经济学家，2024（1）：36-44.

(二) 技术和创新的不断投入

数字资本的积累还依赖于技术和创新的不断投入，企业通过持续的研发和技术创新积累技术资本和创新成果，推动数字资本的形成和增值。一是企业通过研发投入和技术创新不断积累专利和技术知识，形成企业的重要技术资本。例如科技公司通过自主研发和技术攻关积累大量的专利和技术诀窍，这些技术资本不仅提升了企业的市场竞争力，还为企业的技术创新和产品开发提供了坚实基础。通过技术和创新的持续投入，企业能够不断拓展技术边界，实现技术资本的积累和增值。二是企业通过创新项目和合作研发不断积累创新成果和商业模式，推动数字资本的扩展和应用。例如企业通过参与创新项目和技术合作，积累了丰富的创新成果和商业模式，通过技术转让和合作开发，实现了技术资本的市场应用和价值增值。通过技术和创新的不断投入，企业能够在快速变化的市场环境中保持竞争优势，推动数字资本的持续积累和扩展。

数字资本的资本积累过程主要体现在数据和信息的持续积累以及技术和创新的不断投入这两个方面，通过理解和分析数字资本的资本积累过程，可以更好地把握其在现代经济中的表现和未来的发展趋势，推动数字资本的健康发展和经济的持续增长。数据和信息的持续积累为数字资本的形成提供了基础，技术和创新的不断投入推动了数字资本的增值和应用，为企业和个人创造了新的价值和机遇，推动了资本市场的发展。

二、资本运作机制

数字资本的形成不仅依赖于资本的积累过程，还依赖于有效的资本运作机制。资本运作机制是指企业和个人通过各种策略和手段实现资本的增值和高效配置的过程。有效的资本运作机制能够提高资本的利用效率，促进企业的发展和创新。以下探讨数字资本的资本运作机制及其具体表现。

(一) 资本的高效配置

数字资本的高效配置是资本运作机制的核心，通过合理的资源配置和优化，实现资本的最大化增值。一是企业通过数据分析和信息管理技术,实现资源的精确配置和高效利用。例如企业通过大数据分析技术对市场需求和生产效率进行分析,优化资源配置,降低成本,提高生产效率。企业通过云计算和人工智能技术,实现资源的动态分配和智能管理,提高资源利用效率和响应速度[①]。二是企业通过灵活的资金管理策略,实现资本的高效运作和增值。例如企业通过资本市场融资和投资,实现资金的高效流动和增值,优化资本结构,提高资本的利用效率和收益。企业通过资本重组和并购,实现资源整合和协同效应,增强市场竞争力和业务扩展能力。

(二) 资本的风险管理

数字资本的运作过程中,风险管理是不可忽视的重要环节,通过有效的风险管理机制,企业能够降低资本运作的风险,实现资本的稳健增值。一是企业通过风险识别和评估,提前发现和应对资本运作中的潜在风险。例如企业通过数据分析和市场调研,识别市场波动和政策变化等风险因素,评估其对资本运作的影响,制定相应的风险管理策略,提前规避和应对潜在风险。二是企业通过风险控制和分散,降低资本运作的风险,实现稳健增值。例如企业通过多元化投资和分散风险,降低单一投资失败对整体资本的影响,提高资本运作的稳定性和安全性。企业通过风险对冲和保险等手段,降低市场波动和不可控因素对资本运作的影响,确保资本的稳健增值和长期发展。

数字资本的资本运作机制主要体现在资本的高效配置和风险管理两个方面,通过理解和分析数字资本的资本运作机制,可以更好地把握其在现代经济中的表现和未来的发展趋势,推动数字资本的健康发展和经济的持续增长。资本的高效配置和风险管理为数字资本的增值和高效利用提供了保障,企业通过合理的资源配置和优化,实现资本的最大化增值,通过有效的风险管理机制,降低资本运作的风险,实现资本的稳健增值,为企业和个人创造了新的价值和机遇,推动了资本市场的发展。

---

① 吴诗锋,尹志锋.中国各产业的就业拉动能力分析——基于完全就业新视角的投入产出分析 [J]. 山西财经大学学报,2011 (12):8.

三、资本市场发展

资本市场的发展是数字资本形成的重要环节,也是推动经济增长和技术创新的关键力量。数字资本市场的成熟不仅促进了资本的高效配置和增值,还为企业和个人提供了更多的融资渠道和投资机会。理解资本市场的发展对于把握数字经济的趋势和推动资本市场的健康发展具有重要意义。以下探讨数字资本市场的发展及其具体表现。

(一) 数字金融技术的应用

数字金融技术的应用是推动资本市场发展的重要因素,通过技术创新和应用,实现资本市场的数字化和智能化,提高市场效率和透明度。一是金融科技的应用推动了资本市场的数字化发展,提升了市场效率和服务质量。例如区块链技术在金融交易中的应用,实现了交易的去中心化和透明化,降低了交易成本和风险,提高了交易效率和安全性。大数据分析技术在金融市场中的应用,实现了市场信息的精准分析和预测,为投资者提供科学的决策支持,提升了市场的透明度和效率[1]。二是智能技术的应用推动了资本市场的智能化发展,实现了市场的自动化和个性化服务。例如人工智能技术在金融服务中的应用,实现了智能投顾和自动化交易,提高了投资决策的精准性和效率。云计算技术在金融数据管理中的应用,实现了数据的高效存储和处理,为市场参与者提供便捷的金融服务和支持,提升了市场的服务质量和用户体验。

(二) 多元化的融资渠道

多元化的融资渠道是资本市场发展的重要表现,通过提供多样化的融资选择,满足企业和个人的融资需求,推动资本的高效流动和增值。一是资本市场的发展提供了多样化的融资工具和平台,满足了不同企业和个人的融资需求。例如股票市场和债券市场为企业提供了长期融资和资本募集的渠道,初创企业可以通

---

[1] 杨筝,刘贯春,刘放. 金融发展与二元经济结构失衡:基于要素配置的新视角[J]. 2021 (2020-11): 48-65.

过风险投资和私募股权获得发展资金，个人可以通过众筹平台和P2P借贷实现融资需求，这些多元化的融资渠道为资本市场的发展提供了有力支持。二是资本市场的发展推动了跨境融资和国际资本流动，促进了全球资本市场的融合和发展。例如企业可以通过国际股票市场和债券市场进行跨境融资，吸引全球投资者的资金，个人可以通过全球化的投资平台进行跨境投资，分散投资风险，实现资产的全球配置，这些跨境融资和国际资本流动的实现，推动了全球资本市场的发展和一体化。

资本市场的发展主要体现在数字金融技术的应用和多元化的融资渠道两个方面，通过理解和分析资本市场的发展，可以更好地把握其在现代经济中的表现和未来的发展趋势，推动资本市场的健康发展和经济的持续增长。数字金融技术的应用推动了资本市场的数字化和智能化，提高了市场效率和透明度，多元化的融资渠道满足了企业和个人的融资需求，推动了资本的高效流动和增值，为企业和个人创造了新的价值和机遇，推动了资本市场的发展和经济高质量增长。

四、资本与技术的结合

资本与技术的结合是推动数字资本形成和运作的重要机制。随着信息技术和数字经济的发展，资本与技术的结合不仅提升了资本的利用效率，还推动了技术的创新和应用，实现了资本与技术的双赢局面。理解资本与技术结合的过程，对于把握数字经济的发展规律和推动企业的技术创新具有重要意义。以下探讨资本与技术结合的具体表现及其影响。

（一）技术驱动的资本增值

资本与技术的结合体现在技术驱动的资本增值上，通过技术创新和应用，资本能够实现更高效的增值和扩展。一是企业通过技术创新和研发活动，实现资本的增值和扩展。例如科技公司通过持续的技术研发和创新，开发出具有市场竞争力的新产品和服务，提升了企业的市场价值和资本回报。通过技术创新，企业能够创造新的商业模式和盈利方式，实现资本的高效增值[①]。二是技术应用提高了资本的利用效率，实现了资源的优化配置。例如企业通过信息技术和自动化系统，优化生产流程和运营管理，提高了生产效率和资源利用率。通过技术应用，企业能够降低成本，提升产品质量和市场竞争力，实现资本的高效运作和增值。三是技术驱动的资本增值不仅体现在企业内部，还推动了整个行业和社会的进步。例如互联网和移动技术的应用，推动了电子商务和数字支付的发展，提高了市场交易效率和用户体验。通过技术驱动的资本增值，企业和社会能够实现经济的持续增长和发展。

(二) 资本推动的技术创新

资本与技术的结合还体现在资本推动的技术创新上，通过资本的投入和支持，技术创新得以加速和扩展。一是企业通过资本投入支持技术研发和创新，推动技术的进步和应用。例如企业通过风险投资和研发资金，支持创新项目和技术开发，推动前沿技术的突破和应用。通过资本的投入，企业能够吸引优秀的技术人才和研发资源，加速技术创新的进程，实现技术资本的积累和增值。二是资本市场为技术创新提供了丰富的融资渠道和平台，推动技术的商业化和市场化。例如初创企业可以通过风险投资和天使投资，获得早期的技术开发资金，实现技术的快速发展和市场应用。通过资本市场，企业能够获得更多的融资选择和资源支持，加速技术创新和商业化进程，实现资本和技术的双赢局面。三是资本推动的技术创新不仅体现在企业层面，还推动了整个行业和社会的技术进步。例如政府和金融机构通过政策和资金支持，推动关键技术和战略性新兴产业的发展，提高国家和社会的科技创新能力和国际竞争力。通过资本推动的技术创新，企业和社会能够实现技术的持续进步和经济的高质量发展。

(三) 技术与资本的协同效应

资本与技术的结合还体现在技术与资本的协同效应上，通过技术和资本的互

[①] 胡延杰，周宁. 广义虚拟经济视角下人力资本计量途径研究 [J]. 广义虚拟经济研究，2011 (4)：8.

相支持和推动，实现更高效的增值和扩展。一是企业通过技术和资本的协同作用，实现资源的优化配置和高效运作。例如企业通过技术和资本的结合，优化生产流程和供应链管理，提高生产效率和市场响应速度。通过技术和资本的协同效应，企业能够降低运营成本，提升市场竞争力和盈利能力，实现资本和技术的双赢局面[1]。二是技术和资本的协同效应推动了企业的跨界合作和产业融合，实现资源的共享和价值的增值。例如企业通过技术和资本的结合，与其他行业和领域的企业进行合作，推动技术的跨界应用和产业融合。通过技术和资本的协同效应，企业能够拓展新的市场和业务领域，实现资本和技术的共同增值和发展。三是技术和资本的协同效应不仅体现在企业内部，还推动了整个行业和社会的创新和发展。例如政府和金融机构通过政策和资金支持，推动关键技术和战略性新兴产业的发展，提高国家和社会的科技创新能力和国际竞争力。通过技术和资本的协同效应，企业和社会能够实现技术的持续进步和经济的高质量发展。

资本与技术的结合主要体现在技术驱动的资本增值、资本推动的技术创新以及技术与资本的协同效应三个方面，通过理解和分析资本与技术结合的过程，可以更好地把握其在现代经济中的表现和未来的发展趋势，推动数字资本的健康发展和经济的持续增长。技术驱动的资本增值提高了资本的利用效率和市场价值，资本推动的技术创新加速了技术的进步和应用，技术与资本的协同效应实现了资源的优化配置和高效运作，为企业和社会创造了新的价值和机遇，推动了资本市场的发展和经济高质量增长。

第四节 数字资本的运作

一、投资策略

在数字经济的背景下，数字资本的运作需要科学的投资策略，以实现资本的

---

[1] 徐旭，俞峰，闫林楠，等.高铁如何影响劳动力流动：新视角与新证据[J].当代经济科学，2022, 44 (4): 12.

高效增值和优化配置。投资策略不仅决定了资本的收益水平，还影响企业的技术创新和市场竞争力。理解和制定有效的投资策略，对于把握数字经济的机遇和应对市场风险具有重要意义。以下探讨数字资本的投资策略及其具体表现。

（一）分散投资与风险管理

数字资本的投资策略体现在分散投资与风险管理上，通过合理分散投资和科学的风险管理，实现资本的稳健增值和风险控制。一是企业通过分散投资降低单一投资的风险，提高整体投资组合的稳定性和安全性。例如企业在投资时，不仅投资于技术研发和创新项目，还投资于稳定的金融产品和市场，这样可以在高收益与低风险之间取得平衡，通过分散投资，实现资本的稳健增值。二是企业通过科学的风险管理策略，提前识别和控制投资风险，提高投资决策的科学性和合理性。例如企业在投资前，通过数据分析和市场调研，识别潜在的市场风险和技术风险，制定相应的风险应对策略，确保投资的安全性和可行性，通过科学的风险管理，实现资本的稳健运作。三是企业通过动态调整投资组合和策略，应对市场变化和风险，提高资本的灵活性和适应性。例如企业在市场环境发生变化时，及时调整投资组合和策略，优化资源配置，降低市场波动和不确定性对投资的影响，通过动态调整，实现资本的高效运作和增值。

（二）技术导向的投资

数字资本的投资策略还体现在技术导向的投资上，通过投资于前沿技术和创新项目，实现技术资本的增值和市场竞争力的提升。一是企业通过投资于前沿技术和创新项目，推动技术的进步和应用，提高企业的技术水平和市场竞争力。例如企业通过投资于人工智能、区块链、5G等前沿技术，开发出具有市场竞争力的新产品和服务，提升企业的市场价值和资本回报，通过技术导向的投资，实现技术资本的增值。二是企业通过技术合作和研发投入，实现技术资源的整合和优化，提高技术创新的效率和成果。例如企业通过与科研机构和技术公司合作，投资于联合研发项目和技术转让，整合各方的技术资源和优势，实现技术创新的协同效应，通过技术导向的投资，实现技术资本的高效运作和增值。三是企业通过技术评估和市场分析，识别具有潜力和前景的技术项目，提高投资决策的科学性和合理性。例如企业在投资前，通过技术评估和市场分析，识别潜在的技术机会和市场需求，制定相应的投资策略和计划，确保投资的可行性和市场价值，通过技术导向的投资，实现资本的高效增值。

（三）战略性投资布局

数字资本的投资策略还体现在战略性投资布局上，通过合理的投资布局和长期规划，实现资本的持续增值和企业的战略目标。一是企业通过制定长期的投资规划和策略，实现资本的可持续发展和增值。例如企业在制定投资策略时，考虑长期的发展目标和市场需求，制定系统的投资规划和策略，确保资本的持续增值和企业的战略目标，通过战略性投资布局，实现资本的长期增值。二是企业通过投资于战略性行业和领域，实现资源的优化配置和市场扩展，提高企业的市场竞争力和影响力。例如企业通过投资于战略性新兴产业和关键技术领域，布局着眼于把握未来的发展方向和市场机会，提高企业的市场地位和竞争力，通过战略性投资布局，实现资本的高效运作和增值。三是企业通过投资于国际市场和跨国合作，实现资本的全球化运作和增值，提高企业的国际竞争力和市场影响力。例如企业通过投资于国际市场和跨国合作项目，实现技术和市场的全球化布局，提升企业的国际竞争力和市场影响力，通过战略性投资布局，实现资本的全球化运作和增值。

数字资本的投资策略主要体现在分散投资与风险管理、技术导向的投资以及战略性投资布局三个方面，通过理解和分析数字资本的投资策略，可以更好地把握其在现代经济中的表现和未来的发展趋势，推动数字资本的健康发展和经济的持续增长。分散投资与风险管理提高了资本的稳定性和安全性，技术导向的投资推动了技术的进步和市场竞争力的提升，战略性投资布局实现了资本的持续增值和企业的战略目标，为企业和个人创造了新的价值和机遇，推动了资本市场的发展和经济的高质量增长。

二、风险管理

在数字资本的运作过程中，风险管理是确保资本安全性和实现稳健增值的关键环节。有效的风险管理能够帮助企业识别、评估和应对各种风险，提高资本运作的效率和稳定性。理解和制定科学的风险管理策略，对于企业在复杂多变的市场环境中保持竞争力和实现长期发展具有重要意义。以下探讨数字资本风险管理的具体策略及其表现。

（一）风险识别与评估

风险识别与评估是风险管理的首要步骤，通过系统的方法识别和评估影响资本运作的各种风险，企业能够提前做好防范和应对准备。一是企业通过数据分析和市场调研，识别潜在的市场风险和技术风险。例如企业在进入新市场或推出新产品前，通过市场调研和竞争分析，识别市场需求、竞争格局和政策变化等风险因素，通过数据分析和技术评估，识别技术开发和应用中的潜在风险，确保在风险可控的情况下进行投资和运营。二是企业通过风险评估模型和工具，量化和评估风险的可能性和影响。例如企业可以使用风险评估模型和工具，对市场波动、技术失败和运营中断等风险进行量化评估，评估风险发生的可能性和潜在影响，为决策提供科学依据，通过风险评估，企业能够制定针对性的风险应对策略，降低风险对资本运作的负面影响。三是企业通过定期的风险审查和评估，动态监控和调整风险管理策略。例如企业在资本运作过程中，定期进行风险审查和评估，监控市场环境和技术发展的变化，及时识别和评估新的风险，调整风险管理策略和措施，确保风险管理的持续有效，通过动态风险评估，企业能够保持风险管理的灵活性和适应性。

（二）风险控制与预防

风险控制与预防是风险管理的关键环节，通过采取有效的控制和预防措施，企业能够降低风险发生的概率和影响，实现资本的稳健运作。一是企业通过制定和执行风险控制策略，降低风险的发生概率和影响。例如企业在运营管理中，通过制定严格的操作规程和质量控制标准，降低操作失误和质量问题的发生概率，通过实施多重备份和应急预案，降低系统故障和运营中断的影响，通过风险控制策略，企业能够提高资本运作的安全性和稳定性。二是企业通过风险分散和对冲，降低单一风险的影响和损失。例如企业在投资决策中，通过分散投资和多元化投资策略，降低单一项目和市场的风险，通过使用金融工具和对冲策略，对冲市场波动和价格波动的风险，降低市场风险对资本运作的影响，通过风险分散和对冲，企业能够提高资本运作的稳健性和收益水平。三是企业通过风险预警和监控系统，提前发现和预防风险的发生。例如企业在资本运作过程中，通过建立风险预警和监控系统，实时监控市场动态和技术变化，提前发现和预防潜在风险，通过预警信号和监控指标，企业能够及时采取应对措施，防止风险的扩大和升级，通过风险预警和监控，企业能够保持风险管理的主动性和前瞻性。

（三）风险应对与恢复

风险应对与恢复是风险管理的最后环节，通过制订和实施有效的应对和恢复计划，企业能够快速应对和恢复风险事件，确保资本运作的连续性和稳定性。一是企业通过制订和实施应急预案，快速应对和处理风险事件。例如企业在资本运作中，通过制订详细的应急预案和应对措施，快速响应和处理突发风险事件，通过应急演练和培训，提高员工的应急响应能力和处置水平，通过应急预案和应对措施，企业能够快速控制和降低风险事件的影响。二是企业通过资源调配和支持，确保资本运作的连续性和稳定性。例如企业在风险事件发生后，通过调配和协调资源，提供资金、技术和人力支持，确保关键业务和项目的正常运作，通过内部和外部的支持和合作，企业能够快速恢复和重建资本运作的能力和信心，通过资源调配和支持，企业能够保持资本运作的连续性和稳定性。三是企业通过风险事件的总结和反思，提高风险管理的能力和水平。例如企业在风险事件处理后，通过总结和分析风险事件的原因和影响，评估和改进风险管理的策略和措施，通过风险事件的经验和教训，提高风险识别、评估和应对的能力和水平，通过总结和反思，企业能够不断优化和完善风险管理体系，实现资本运作的长期稳健发展。

数字资本的风险管理主要体现在风险识别与评估、风险控制与预防以及风险应对与恢复三个方面，通过理解和分析数字资本的风险管理策略，可以更好地把握其在现代经济中的表现和未来的发展趋势，推动数字资本的健康发展和经济的持续增长。风险识别与评估提高了风险管理的科学性和合理性，风险控制与预防降低了风险的发生概率和影响，风险应对与恢复确保了资本运作的连续性和稳定性，为企业和个人创造了新的价值和机遇，推动了资本市场的发展和经济的高质量增长。

三、资本收益

资本收益是企业和个人在资本运作过程中实现的经济回报。数字资本的收益不仅依赖于资本的投入和运作策略，还与技术创新、市场环境和管理水平密切相关。通过优化资本配置、提高运营效率和创新驱动，企业和个人能够实现数字资本的最大化收益。理解数字资本的收益机制对于把握数字经济的运行规律和制定科学的投资策略具有重要意义。以下探讨数字资本收益的具体表现及其影响。

（一）资本配置的优化

数字资本的收益体现在资本配置的优化上，通过合理的资源配置和投资策略，企业和个人能够实现资本的高效运作和收益最大化。一是企业通过数据分析和智能决策，优化资本配置，实现资源的高效利用和增值。例如企业通过大数据分析技术，对市场需求和竞争环境进行深入分析，制定科学的投资策略和资源配置方案，确保资本的高效运作和收益最大化。企业还通过智能决策系统，实时监控和调整资源配置，提高资本的利用效率和回报率。二是企业通过多元化投资和风险分散，实现资本的稳健增值和收益最大化。例如企业通过多元化投资策略，分散投资风险，提高资本的稳定性和安全性。企业可以在不同的行业和市场进行投资，分散市场波动和经济不确定性带来的风险，通过多元化投资实现资本的稳健增值和长期收益。三是企业通过资本重组和并购，实现资源整合和协同效应，提升资本的收益和市场竞争力。例如企业通过资本重组和并购，实现资源的高效整合和优化配置，提升生产效率和市场竞争力。通过资本重组和并购，企业能够获得更多的市场资源和技术支持，实现资本的快速增值和收益最大化。

（二）运营效率的提升

数字资本的收益还体现在运营效率的提升上，通过技术创新和管理优化，企业能够提高运营效率,实现资本的高效运作和收益最大化。一是企业通过信息技术和自动化系统,优化生产流程和运营管理,提高生产效率和资源利用率。例如企业通过引入智能制造和自动化技术,提高生产效率和产品质量,降低生产成本和资源消耗。企业还通过信息技术和管理系统,优化供应链和物流管理,提高运营效率和市场响应速度,实现资本的高效运作和收益最大化。二是企业通过数据分析和智能决策,提高市场分析和决策效率,实现资本的高效运作和收益最大化。例如企业通过大数据分析和人工智能技术,对市场需求和竞争环境进行深入分析,制定科学的市场策略和决策方案,提高市场分析和决策效率。企业还通过智能决策系统,实时监控和调整市场策略和决策,提高市场响应速度和竞争力,实现资本的高效运作和收益最大化。三是企业通过管理优化和流程改进,提高运营效率和资源利用率,实现资本的高效运作和收益最大化。例如企业通过引入精益管理和流程改进技术,提高生产效率和资源利用率,降低运营成本和资源消耗。企业还通过管理优化和流程改进,优化内部管理和运营流程,提高管理效率和运营效率,实现资本的高效运作和收益最大化。

(三) 创新驱动的收益

数字资本的收益还体现在创新驱动的收益上,通过持续的技术创新和产品创新,企业能够实现资本的增值和市场竞争力的提升。一是企业通过技术创新和研发活动,开发出具有市场竞争力的新产品和服务,实现资本的增值和收益最大化。例如科技公司通过持续的技术研发和创新,开发出具有市场竞争力的新产品和服务,提高市场占有率和利润水平。企业通过技术创新,实现产品的差异化和市场竞争力的提升,实现资本的高效增值和收益最大化。二是企业通过产品创新和市场扩展,提高市场竞争力和市场份额,实现资本的增值和收益最大化。例如企业通过产品创新和市场扩展,开发出符合市场需求和消费者偏好的新产品和服务,提高市场竞争力和市场份额。企业还通过市场扩展,拓展新的市场和业务领域,实现资本的快速增值和收益最大化。三是企业通过商业模式创新和业务模式转型,实现资本的增值和市场竞争力的提升。例如企业通过商业模式创新和业务模式转型,开发出新的盈利模式和业务模式,提高市场竞争力和盈利能力。企业通过商业模式创新,实现业务的多样化和市场竞争力的提升,实现资本的高效增值和收益最大化。

数字资本的收益主要体现在资本配置的优化、运营效率的提升和创新驱动的收益这三个方面,通过理解和分析数字资本的收益机制,可以更好地把握其在现代经济中的表现和未来的发展趋势,推动数字资本的健康发展和经济的持续增长。资本配置的优化提高了资本的利用效率和市场价值,运营效率的提升推动了企业的高效运作和收益最大化,创新驱动的收益实现了资本的增值和市场竞争力的提升,为企业和个人创造了新的价值和机遇,推动了资本市场的发展和经济的高质量增长。

四、资本的社会责任

在数字经济的背景下,资本的社会责任愈加受到重视。企业和个人不仅追求资本的增值和收益,还需要承担相应的社会责任,以促进社会的可持续发展和共同繁荣。资本的社会责任体现在多个方面,包括环境保护、社会福利和道德规范。理解和践行资本的社会责任对于推动经济和社会的协调发展具有重要意义。以下探讨数字资本的社会责任及其具体表现。

(一) 环境保护责任

数字资本的社会责任体现在环境保护责任上,通过绿色技术和可持续发展战略,企业能够减少对环境的负面影响,实现生态和经济的协调发展。一是企业通过引入绿色技术和环保措施,降低生产和运营过程中的环境污染和资源消耗。例如企业通过采用清洁能源和节能技术,减少温室气体排放和能源消耗,通过循环经济和资源再利用技术,提高资源利用效率和减少废弃物产生。通过绿色技术和环保措施,企业能够实现生产和运营的环境友好化,履行环境保护责任。二是企业通过制定和实施可持续发展战略,推动企业和社会的长期可持续发展。例如企业通过制定绿色发展目标和环保政策,推动绿色生产和绿色消费,通过参与环保项目和公益活动,支持生态保护和环境改善。通过可持续发展战略,企业能够实现经济效益和环境效益的双赢,推动社会的可持续发展。三是企业通过环境信息披露和透明化管理，提高环境管理的透明度和社会信任度。例如企业通过发布环境报告和社会责任报告，披露企业在环境保护方面的措施和成效，通过建立环境管理体系和信息披露机制，提高环境管理的透明度和社会监督。通过环境信息披露和透明化管理，企业能够增强社会责任意识和公众信任度，履行环境保护责任。

（二）社会福利责任

数字资本的社会责任还体现在社会福利责任上，通过推动社会福利和公共服务，企业能够提升社会的整体福祉和公共利益。一是企业通过参与公益事业和社会福利项目，支持社会福利和公共服务的改善。例如企业通过捐赠和资助公益项目，支持教育、医疗、文化和体育等社会福利事业，通过开展志愿服务和社区活动，促进社区发展和社会和谐。通过参与公益事业和社会福利项目，企业能够提升社会责任意识和社会贡献度，履行社会福利责任。二是企业通过提供公平和优质的就业机会，提升员工的职业发展和生活质量。例如企业通过建立公平的招聘和晋升机制，提供平等的就业机会和职业发展平台，通过提供优质的培训和福利，提升员工的职业技能和生活质量。通过提供公平和优质的就业机会，企业能够实现员工与企业的共同成长和发展，履行社会福利责任。三是企业通过支持社会创新和创业，推动社会的创新和发展。例如企业通过设立创业基金和创新项目，支持社会创业和创新，通过提供技术支持和资源共享，推动创新创业生态系统的发展。通过支持社会创新和创业，企业能够促进社会的创新能力和经济活力，履行社会福利责任。

（三）道德规范责任

数字资本的社会责任还体现在道德规范责任上，通过遵守商业道德和法律法规，企业能够维护市场秩序和社会公正，实现诚信经营和公平竞争。一是企业通过建立和遵守商业道德规范，维护市场秩序和商业诚信。例如企业通过制定商业道德准则和行为规范，规范员工的行为和企业的经营，通过开展道德教育和培训，提升员工的道德素养和社会责任意识。通过建立和遵守商业道德规范，企业能够营造诚信经营和公平竞争的市场环境，履行道德规范责任。二是企业通过遵守法律法规和监管要求，确保企业经营的合法性和合规性。例如，企业通过建立合规管理体系和内部控制机制，确保企业的经营活动符合法律法规和监管要求，通过开展法律培训和风险管理，提升员工的法律意识和合规能力。通过遵守法律法规和监管要求，企业能够实现合法经营和风险防控，履行道德规范责任。三是企业通过保护消费者权益和社会利益，实现企业与社会的和谐发展。例如，企业通过提供优质的产品和服务，满足消费者的需求和期望，通过建立消费者权益保护机制，处理消费者投诉和争议，维护消费者的合法权益。通过保护消费者权益和社会利益，企业能够提升社会信任和市场竞争力，履行道德规范责任。

数字资本的社会责任主要体现在环境保护责任、社会福利责任和道德规范责任三个方面，通过理解和践行资本的社会责任，可以更好地推动经济和社会的协调发展，促进企业的可持续发展和社会的共同繁荣。环境保护责任通过绿色技术和可持续发展战略，实现生态和经济的协调发展，社会福利责任通过推动社会福利和公共服务，提升社会的整体福祉和公共利益，道德规范责任通过遵守商业道德和法律法规，维护市场秩序和社会公正，为企业和个人创造了新的价值和机遇，激发创新活力，推动了资本市场的发展。

第四章 数字经济中的劳动关系

第一节 数字经济的背景与发展

一、数字经济的发展历程

数字经济作为现代经济的重要组成部分,已经深刻地影响了社会的各个方面。了解数字经济的发展历程,有助于更好地理解其形成背景和发展趋势,从而为未来的发展提供借鉴和指导。以下探讨数字经济的发展历程及其具体表现。

(一) 数字经济的起源和早期发展

数字经济的起源可以追溯到 20 世纪中期,信息技术和互联网的发展为数字经济的兴起奠定了基础。一是计算机和信息技术的出现,为数字经济的发展提供了基础设施和技术支持。例如 20 世纪中期,计算机技术的快速发展和普及,使得信息处理和数据存储能力大幅提升,信息技术成为推动经济活动数字化的重要驱动力。信息技术的发展不仅改变了企业的运营模式和生产方式,还推动了社会信息化进程的加速。二是互联网的兴起和普及,推动了数字经济的快速发展和全球化。20 世纪末期,互联网技术的普及和应用,极大地改变了信息传递和交流的方式,使得全球范围内的信息交流和资源共享变得更加便捷和高效。互联网的出现不仅推动了电子商务和数字服务的发展,还为全球化经济提供了新的动力和平台。

(二) 数字经济的快速发展和创新

进入 21 世纪,数字经济进入了快速发展和创新阶段,各种新兴技术和商业模式不断涌现,推动了经济的全面数字化和智能化。一是移动互联网和智能设备的发展，推动了数字经济的全面普及和应用。例如智能手机和平板电脑的普及，使得移动互联网成为人们日常生活和工作的必备工具，移动支付、在线购物和社交媒体等数字服务迅速普及，推动了数字经济的快速发展。移动互联网不仅改变了人们的生活方式和消费习惯，还为企业提供了新的市场和商业机会。二是大数据、人工智能和云计算等新兴技术的应用，推动了数字经济的创新和智能化发展。例如大数据技术通过对海量数据的分析和挖掘，为企业提供了更加精准的市场预测和决策支持，人工智能技术通过机器学习和智能算法，实现了生产和服务的自动化和智能化，云计算技术通过提供高效的计算和存储能力，为企业和个人提供了便捷的数字服务。这些新兴技术的应用，不仅提升了数字经济的运行效率和服务水平，还推动了传统产业的转型升级和创新发展。

数字经济的发展历程主要体现在信息技术和互联网的起源与早期发展、以及进入21世纪后的快速发展和创新两个方面，通过理解和分析数字经济的发展历程，可以更好地把握其在现代经济中的表现和未来的发展趋势，推动数字经济的健康发展和经济的持续增长。信息技术和互联网的出现，为数字经济的发展提供了基础设施和技术支持，移动互联网和新兴技术的应用，推动了数字经济的全面普及和智能化发展，为社会和经济创造了新的价值和机遇，推动了经济的全球化和数字化进程。

二、数字经济的主要特征

数字经济作为现代经济发展的重要驱动力，具有独有的特征。这些特征不仅体现了数字经济的优势和潜力，也揭示了其对传统经济模式的深刻变革。理解数字经济的主要特征，对于把握其发展规律和应对相关挑战具有重要意义。以下探讨数字经济的主要特征及其具体表现。

（一）高效的信息传递与资源配置

数字经济的一个显著特征是高效的信息传递和资源配置，信息技术的进步和数字平台的普及使得信息传递更加快捷和准确，实现了资源的优化配置。一是数字经济通过互联网和数字平台，实现了信息的快速传递和共享。例如企业通过电子邮件、即时通信工具和社交媒体等数字平台，实现了高效的内部沟通和外部交流，减少了信息传递的时间和成本，提高了决策的效率和准确性。消费者通过在线搜索和电子商务平台，可以快速获取产品信息和服务评价，提高了消费决策的效率和满意度。二是数字经济通过数据分析和智能算法，实现了资源的优化配置和高效利用。例如企业通过大数据分析技术，对市场需求和消费者行为进行精准分析，优化生产和供应链管理，提高了资源的利用效率和生产效率。通过智能算法和自动化系统，企业可以实现生产过程的智能化控制和资源的动态配置，提高了生产效率和市场响应速度，实现了资源的最优配置和高效利用。

（二）强大的创新驱动力

数字经济的另一个主要特征是强大的创新驱动力，数字技术和创新思维的结合，推动了产品和服务的持续创新和市场的快速变化。一是数字经济通过技术创新，推动了新产品和新服务的不断涌现。例如人工智能和物联网技术的应用，催生了智能家居、无人驾驶和智慧城市等新兴产业，提升了人们的生活质量和社会治理水平。云计算和区块链技术的应用，推动了数字金融和供应链管理的创新，提升了金融服务的效率和透明度，实现了产业的转型升级和创新发展。二是数字经济通过商业模式创新，推动了市场和消费方式的变革。例如电子商务和社交电商的兴起，改变了传统的商业模式和消费方式，使得线上购物和社交消费成为主流，提升了消费体验和市场活力。共享经济和平台经济的发展，推动了资源的共享和利用，提高了资源利用率和经济效益，实现了商业模式的创新和市场的扩展。

数字经济的主要特征体现在高效的信息传递与资源配置、强大的创新驱动力这两个方面，通过理解和分析数字经济的主要特征，可以更好地把握其在现代经济中的表现和未来的发展趋势，推动数字经济的健康发展和经济的持续增长。高效的信息传递与资源配置提高了企业和社会的运营效率和资源利用率，强大的创新驱动力推动了新产品和新服务的不断涌现和市场的快速变化，为社会和经济创造了新的价值和机遇，推动了经济的全球化和数字化进程。

三、数字经济的全球影响

数字经济不仅改变了各国的经济结构和社会生活方式，还在全球范围内产生了深远的影响。数字技术和信息化的普及推动了全球经济的一体化和市场的融合，改变了传统的国际贸易和投资模式，促进了全球范围内的创新和合作。理解数字经济的全球影响对于把握全球经济的发展趋势和制定国际经济政策具有重要意义。以下探讨数字经济的全球影响及其具体表现。

（一）全球经济一体化的推动

数字经济通过信息技术和数字平台的普及，推动了全球经济的一体化，实现了市场的高度融合和资源的高效配置。一是数字经济通过电子商务和跨境贸易平台，促进了国际贸易的发展和市场的全球化。例如阿里巴巴、亚马逊等跨境电商平台的兴起，使得商品和服务可以在全球范围内进行自由流通，降低了国际贸易的成本和门槛，提高了贸易效率和市场竞争力。消费者可以通过电子商务平台，购买到来自全球各地的商品，享受更加丰富和多样化的产品选择，推动了全球消费市场的一体化。二是数字经济通过全球供应链和物流网络，实现了资源的全球配置和高效运作。例如企业通过全球化的供应链管理系统，优化生产和配送流程，实现了全球范围内的资源调度和高效利用。跨国公司通过数字技术和信息化管理，实现了全球生产和销售的无缝衔接，提高了运营效率和市场响应速度。通过全球供应链和物流网络，企业能够更好地应对市场变化和风险挑战，推动了全球经济的一体化和协同发展。

（二）创新和合作的全球化

数字经济的另一个重要影响是推动了全球范围内的创新和合作，通过技术的共享和信息的交流，实现了跨国界的协同创新和共同发展。一是数字经济通过技术转移和知识共享，促进了全球科技创新和产业升级。例如发达国家和地区通过技术转移和合作研发，向发展中国家和地区传递先进的技术和管理经验，提升了全球科技创新能力和产业竞争力。跨国公司通过全球研发中心和技术合作项目，实现了技术资源的共享和协同创新，推动了新技术和新产品的快速应用和推广。二是数字经济通过全球创新网络和合作平台，推动了跨国界的创新合作和资源整合。例如各国政府和企业通过参与国际科技合作计划和创新联盟，实现了技术资源的共享和创新成果的互惠互利。全球创新网络和合作平台，为企业和科研机构提供了交流和合作的机会，促进了技术的跨国界流动和产业的协同创新。通过全球创新网络和合作平台，企业能够更好地把握全球市场和技术动态，推动了创新能力和市场竞争力的提升。

数字经济的全球影响主要体现在全球经济一体化的推动和创新与合作的全球化这两个方面，通过理解和分析数字经济的全球影响，可以更好地把握其在全球经济中的表现和未来的发展趋势，推动数字经济的健康发展和全球经济的持续增长。全球经济一体化的推动，实现了市场的高度融合和资源的高效配置，创新和合作的全球化，促进了技术的共享和跨国界的协同发展，为全球经济创造了新的价值和机遇，推动了全球经济的数字化和智能化进程。

第二节 数字经济中的劳动关系

一、劳动关系的变化

数字经济的快速发展不仅改变了传统的商业模式和经济结构，还深刻影响了劳动关系。随着信息技术和数字平台的普及，劳动者与雇主之间的关系发生了显著变化，呈现出新的特征和趋势。理解劳动关系的变化对于企业管理和政策制定具有重要意义。以下探讨数字经济背景下劳动关系的变化及其具体表现。

（一）劳动关系的灵活化

数字经济推动了劳动关系的灵活化，传统的长期雇佣关系逐渐被更加灵活的用工模式所替代。一是数字经济的发展促进了自由职业和兼职工作的普及，劳动者可以通过数字平台实现灵活就业。例如越来越多的劳动者选择成为自由职业者，通过平台接单、远程办公、灵活安排工作时间，这种灵活的工作方式不仅提高了劳动者的工作自由度，还促进了劳动市场的多样化和灵活性。企业也可以通过平台雇佣兼职员工，降低用工成本和管理风险，提高用工灵活性。二是企业通过数字平台和技术手段，实现了灵活用工和按需用工。例如企业可以根据市场需求和生产计划，通过平台临时雇佣员工，快速调整用工规模和结构，避免了长期雇佣带来的负担和风险。数字平台的兴起，使得企业和劳动者可以更加灵活地进行工作安排和任务分配，提高了劳动效率和市场竞争力。三是劳动关系的灵活化推动了远程办公和跨地域合作的发展。数字经济使得劳动者可以通过互联网和数字工具，实现远程办公和跨地域合作，打破了地域限制，提高了劳动者的工作效率和生活质量。企业也可以通过远程办公和跨地域合作，获取全球范围内的优质人才和资源，提升企业的创新能力和市场竞争力。

（二）劳动者权益保障的挑战

数字经济带来的劳动关系变化也对劳动者权益保障提出了新的挑战，传统的劳动权益保障机制需要进行调整和适应。一是自由职业和兼职工作者的劳动权益保障面临困难，由于缺乏长期雇佣合同和稳定的劳动关系，自由职业和兼职工作者在工资保障、社会保险和劳动权益保护等方面存在较大不确定性。例如自由职业者和兼职工作者往往无法享受企业提供的医疗保险、养老保险等社会保障，工作收入也不稳定，劳动权益容易受到侵害。二是远程办公和灵活用工模式下的劳动权益保障面临挑战，远程办公和灵活用工使得劳动者的工作时间和工作环境难以得到有效监管，劳动权益保障的难度增加。例如远程办公的劳动者面临工作时间过长、工作环境不安全等问题，灵活用工的劳动者面临工时不稳定、劳动强度过大等问题，传统的劳动权益保障机制难以适应这些新变化。三是数字平台和技术手段的应用带来的数据隐私和信息安全问题，劳动者的个人信息和工作数据容易受到侵犯和滥用。例如数字平台和技术手段的广泛应用，使得劳动者的工作行为和绩效数据被广泛收集和分析，劳动者的个人隐私和信息安全容易受到威胁，劳动权益保障面临新的挑战。

(三) 劳动关系管理的创新

数字经济推动了劳动关系管理的创新，企业和劳动者通过数字平台和技术手段，实现了劳动关系管理的现代化和智能化。一是企业通过数字平台和信息系统，实现了劳动关系管理的自动化和智能化，提高了管理效率和水平。例如企业通过人力资源管理系统和劳务平台，实现了员工招聘、培训、绩效考核和工资支付等环节的数字化和自动化，提高了劳动关系管理的效率和透明度。二是企业通过数据分析和智能决策，优化劳动关系管理和员工激励机制，提高了员工满意度和工作效率。例如企业通过大数据分析和人工智能技术，分析员工的工作行为和绩效数据，制定科学的员工激励政策和管理措施，提高员工的工作积极性和满意度，优化劳动关系管理和企业文化。三是企业通过数字平台和技术手段，促进员工与企业的沟通和合作，提高了劳动关系的和谐度和稳定性。例如企业通过内部沟通平台和协作工具，促进员工与企业之间的沟通和合作，及时解决员工的需求和问题，提高员工的工作体验和归属感，促进劳动关系的和谐和稳定。

数字经济背景下劳动关系的变化主要体现在劳动关系的灵活化、劳动者权益保障的挑战以及劳动关系管理的创新三个方面，通过理解和分析劳动关系的变化，可以更好地把握其在现代经济中的表现和未来的发展趋势，推动劳动关系的健康发展和企业的持续成长。劳动关系的灵活化提高了劳动市场的多样性和灵活性，劳动者权益保障的挑战需要通过政策和机制的调整来应对，劳动关系管理的创新推动了企业管理的现代化和智能化，为企业和劳动者创造了新的价值和机遇，促进了经济和社会的协调发展。

二、劳动力市场的新特征

随着数字经济的迅猛发展，劳动力市场也发生了显著变化。信息技术和数字平台的普及不仅改变了劳动者的就业方式，还带来了新的市场特征和趋势。理解数字经济背景下劳动力市场的新特征，对于企业和政策制定者把握市场动态、优化人力资源配置具有重要意义。以下探讨数字经济背景下劳动力市场的新特征及其具体表现。

(一) 就业形式的多样化

数字经济推动了就业形式的多样化，传统的全职工作逐渐被多样化的就业模式所补充和替代。一是自由职业和兼职工作的普及，劳动者可以通过数字平台实现灵活就业。例如越来越多的劳动者选择成为自由职业者，通过平台接单、远程办公、灵活安排工作时间，这种灵活的工作方式不仅提高了劳动者的工作自由度，还促进了劳动市场的多样化和灵活性。企业也可以通过平台雇佣兼职员工，降低用工成本和管理风险，提高用工灵活性。二是远程办公和在线工作的兴起，打破了地域限制，实现了跨地域的就业合作。数字经济使得劳动者可以通过互联网和数字工具，在任何时间和地点进行工作，企业也能够通过数字平台雇佣全球范围内的优质人才，提升了用工的灵活性和多样性。远程办公和在线工作的普及，改变了传统的办公模式和就业方式，推动了劳动力市场的全球化和一体化。三是项目制和临时工的增加，企业可以根据需求灵活雇佣员工。数字经济使得企业能够通过项目制和临时工的方式，根据市场需求和生产计划灵活调整用工规模和结构，避免了长期雇佣带来的负担和风险。这种灵活的用工模式不仅提高了企业的生产效率和市场竞争力，还为劳动者提供了更多的就业机会和选择。

(二) 技能需求的变化

数字经济推动了技能需求的变化，劳动者需要不断提升和更新技能，以适应快速变化的市场环境和技术发展。一是信息技术和数字技能成为劳动者的必备素质，劳动者需要掌握基本的数字工具和平台使用能力。例如越来越多的岗位要求劳动者具备计算机操作、数据分析、编程和数字营销等技能，数字技能的普及和提升成为劳动者在劳动力市场中竞争的重要因素。企业也需要通过培训和教育，提高员工的数字技能和信息素养，以适应数字经济的需求。二是复合型人才受到市场的青睐，劳动者需要具备多学科和跨领域的综合能力。数字经济背景下，单一技能的劳动者难以适应复杂和多变的市场环境，复合型人才成为企业的首选。例如数据科学家不仅需要具备统计分析和编程能力，还需要了解业务领域的知识和实际应用，市场营销人员不仅需要具备传统的营销技能，还需要掌握数字营销和社交媒体的运营策略。复合型人才的需求推动了劳动者的持续学习和技能更新。三是软技能的重要性提升，劳动者需要具备良好的沟通能力、团队合作精神和创新能力。数字经济背景下，团队合作和跨部门协作变得更加普遍，良好的沟通能力和团队合作精神成为劳动者的重要素质。例如项目经理需要协调各个部门和团队的工作，确保项目按时完成和目标达成，创新能力则成为推动企业发展的关键因素，企业通过鼓励员工的创新思维和创意，提升市场竞争力和创新能力。

（三）就业保障和福利制度的挑战

数字经济带来了就业保障和福利制度的挑战，传统的劳动保障体系需要进行调整和完善，以适应新的就业形式和市场需求。一是自由职业和兼职工作者的劳动权益保障存在问题，由于缺乏长期雇佣合同和稳定的劳动关系，自由职业和兼职工作者在工资保障、社会保险和劳动权益保护等方面存在较大不确定性。例如自由职业者和兼职工作者往往无法享受企业提供的医疗保险、养老保险等社会保障，工作收入也不稳定，劳动权益容易受到侵害。二是远程办公和灵活用工模式下的劳动权益保障面临挑战，远程办公和灵活用工使得劳动者的工作时间和工作环境难以得到有效监管，劳动权益保障的难度增加。例如远程办公的劳动者面临工作时间过长、工作环境不安全等问题，灵活用工的劳动者面临工时不稳定、劳动强度过大等问题，传统的劳动权益保障机制难以适应这些新变化。三是数字平台和技术手段的应用带来的数据隐私和信息安全问题，劳动者的个人信息和工作数据容易受到侵犯和滥用。例如数字平台和技术手段的广泛应用，使得劳动者的工作行为和绩效数据被广泛收集和分析，劳动者的个人隐私和信息安全容易受到威胁，劳动权益保障面临新的挑战。

数字经济背景下劳动力市场的新特征主要体现在就业形式的多样化、技能需求的变化以及就业保障和福利制度的挑战三个方面，通过理解和分析劳动力市场的新特征，可以更好地把握其在现代经济中的表现和未来的发展趋势，推动劳动力市场的健康发展和经济的持续增长。就业形式的多样化提高了劳动市场的灵活性和多样性，技能需求的变化推动了劳动者的持续学习和技能更新，就业保障和福利制度的挑战需要通过政策和机制的调整来应对，为企业和劳动者创造了新的价值和机遇，促进了经济和社会的协调发展。

三、劳动合同的形式

在数字经济的推动下，劳动合同的形式也随之发生了变化。传统的固定劳动合同形式已经无法完全适应当前灵活多变的就业环境和用工需求，新的劳动合同形式逐渐兴起，以适应数字经济的特征和要求。理解劳动合同形式的变化对于企业管理和劳动者权益保护具有重要意义。以下探讨数字经济背景下劳动合同形式的变化及其具体表现。

（一）短期和灵活合同的兴起

数字经济推动了短期和灵活合同形式的兴起，传统的长期固定合同逐渐被更加灵活的用工形式所替代。一是企业通过签订短期合同和项目制合同，实现灵活用工和成本控制。例如企业在进行临时性项目或季节性生产时，倾向于签订短期合同和项目制合同，以满足临时性用工需求，降低长期雇佣带来的用工成本和风险。短期合同和项目制合同不仅提高了企业的用工灵活性，还为劳动者提供了更多的就业机会和灵活选择。二是数字平台通过自由职业和兼职合同，为劳动者提供灵活就业的机会。例如越来越多的劳动者选择通过数字平台从事自由职业和兼职工作，与平台签订短期或兼职合同，灵活安排工作时间和工作内容。这种灵活的用工形式不仅满足了劳动者对自由度和灵活性的需求，还推动了劳动市场的多样化和灵活性。三是远程工作合同和按需合同的兴起，打破了传统办公地点和工作时间的限制。例如企业与远程工作者签订远程工作合同，允许员工在不同地点和时间进行工作，实现工作安排的灵活化和多样化。按需合同则根据企业的实际需求，灵活调整用工数量和工作时间，提高了企业的生产效率和市场响应速度。

（二）电子合同和在线签署

数字经济的发展推动了电子合同和在线签署的普及，传统的纸质合同形式逐渐被电子合同所取代。一是电子合同的便捷性和高效性，使得企业和劳动者更加倾向于采用电子合同形式。例如企业通过电子合同系统和在线签署平台，与员工在线签订劳动合同，提高了合同签署的便捷性和高效性。电子合同不仅减少了纸质合同的使用和存储成本，还提高了合同管理的效率和安全性。二是电子合同的法律效力和可追溯性，增强了合同的合法性和可靠性。例如电子合同通过数字签名和时间戳技术，确保合同签署的真实性和完整性，提高了合同的法律效力和可追溯性。企业和劳动者通过电子合同系统，可以随时查看和管理合同，增强了合同的透明度和可追溯性，减少了合同纠纷和法律风险。三是电子合同的跨地域适用性，推动了全球化用工和跨国合作的发展。例如企业通过电子合同与全球范围内的员工和合作伙伴签订劳动合同，打破了地域限制，实现了全球化用工和跨国合作。电子合同的跨地域适用性不仅提高了企业的全球竞争力，还为劳动者提供了更多的国际就业机会和合作选择。

（三）平台合同和合作协议

数字经济推动了平台合同和合作协议的兴起，传统的雇佣关系逐渐被平台合作关系所替代。一是企业通过与平台签订合作协议，实现业务外包和资源共享。例如企业通过与数字平台签订合作协议，将部分业务和服务外包给平台上的自由职业者和合作伙伴，减少了用工成本和管理负担，提高了业务灵活性和市场响应速度。平台合作协议不仅推动了业务外包和资源共享，还增强了企业的市场竞争力和创新能力。二是劳动者通过与平台签订平台合同，实现自由职业和灵活就业。例如越来越多的劳动者选择通过平台与客户签订平台合同，提供专业服务和技能，实现灵活就业和自我创业。平台合同不仅为劳动者提供了更多的就业机会和收入来源，还推动了劳动市场的多样化和灵活性。三是企业与自由职业者和兼职人员签订合作协议，实现灵活用工和项目合作。例如企业通过与自由职业者和兼职人员签订合作协议，灵活安排工作任务和项目合作，提高了用工灵活性和生产效率。合作协议不仅满足了企业对专业技能和临时用工的需求，还为劳动者提供了更多的职业发展机会和合作选择。

数字经济背景下劳动合同的形式主要体现在短期和灵活合同的兴起、电子合同和在线签订的普及以及平台合同和合作协议的兴起这三个方面，通过理解和分析劳动合同形式的变化，可以更好地把握其在现代经济中的表现和未来的发展趋势，推动劳动关系的健康发展和企业的持续成长。短期和灵活合同的兴起提高了劳动市场的多样性和灵活性，电子合同和在线签署的普及推动了合同管理的便捷性和高效性，平台合同和合作协议的兴起实现了业务外包和资源共享，为企业和劳动者创造了新的价值和机遇，促进了经济和社会的协调发展。

四、劳动者权益保护

在数字经济的迅速发展中，劳动者的权益保护成为一个重要议题。随着就业形式的多样化和用工模式的灵活化，传统的劳动权益保障机制面临新的挑战和压力。如何在新的经济环境下有效保护劳动者的合法权益，已成为政策制定者和企业管理者亟需解决的问题。以下探讨数字经济背景下劳动者权益保护的主要方面及其具体措施。

（一）自由职业者和兼职工作者的权益保护

在数字经济中，自由职业者和兼职工作者的数量不断增加，如何保护这些劳动者的权益成为一个重要问题。一是需要建立完善的社会保障体系，覆盖自由职业者和兼职工作者。例如政府可以通过政策和法律，推动自由职业者和兼职工作者纳入社会保障体系，使其享有医疗保险、养老保险和失业保险等基本社会保障，保障其基本生活和工作安全。通过完善的社会保障体系，自由职业者和兼职工作者可以减少工作和生活的不确定性，提高工作积极性和满意度。二是需要制定专门的法律法规，保障自由职业者和兼职工作者的劳动权益。例如政府可以制定专门的法律法规，规范自由职业者和兼职工作者的合同签订、工资支付和劳动条件，确保其享有与全职员工同等的劳动权益。通过法律法规的保障，自由职业者和兼职工作者可以获得更好的工作条件和劳动保障，减少权益受损的风险。三是需要加强劳动监督和执法，确保自由职业者和兼职工作者的权益得到有效保护。例如政府可以设立专门的劳动监督机构，加强对自由职业者和兼职工作者劳动合同、工资支付和劳动条件的监督和执法，及时处理劳动争议和权益侵害事件。通过加强劳动监督和执法，自由职业者和兼职工作者的劳动权益可以得到更好的保护和维护。

（二）远程办公和灵活用工模式下的劳动权益保护

在数字经济中，远程办公和灵活用工模式逐渐普及，如何在这些新模式下保护劳动者的权益成为一个新的挑战。一是需要制定远程办公和灵活用工的标准和规范，保障劳动者的工作条件和权益。例如政府和企业可以共同制定远程办公和灵活用工的标准和规范，明确工作时间、工作环境和劳动条件，确保劳动者在远程办公和灵活用工模式下享有同等的劳动权益。通过标准和规范的制定，远程办公和灵活用工模式下的劳动者可以获得更好的工作保障和权益保护。二是需要加强对远程办公和灵活用工模式下劳动者的心理健康和职业发展的关注。例如企业可以通过心理健康辅导和职业培训，帮助远程办公和灵活用工模式下的劳动者应对工作压力和职业发展挑战，提高工作满意度和职业发展机会。通过对劳动者心理健康和职业发展的关注，远程办公和灵活用工模式下的劳动者可以获得更好的工作体验和职业成长。三是需要建立远程办公和灵活用工模式下的劳动争议解决机制，保障劳动者的合法权益。例如政府和企业可以共同建立远程办公和灵活用工模式下的劳动争议解决机制，为劳动者提供便捷和高效的争议解决渠道，及时处理劳动争议和权益侵害事件。通过劳动争议解决机制的建立，远程办公和灵活用工模式下的劳动者可以获得更好的权益保护和法律支持。

（三）数字平台劳动者的权益保护

在数字经济中，数字平台劳动者的数量不断增加，如何保护这些劳动者的权益成为一个新的议题。一是需要明确数字平台劳动者的劳动关系和法律地位，保障其基本劳动权益。例如政府可以通过法律法规，明确数字平台劳动者的劳动关系和法律地位，确保其享有与传统劳动者同等的劳动权益。通过法律地位的明确，数字平台劳动者可以获得更好的劳动保障和权益保护。二是需要制定数字平台劳动者的劳动合同和工资支付标准，保障其工资收入和劳动条件。例如政府和企业可以共同制定数字平台劳动者的劳动合同和工资支付标准，明确工作内容、工资标准和支付方式，确保劳动者的工资收入和劳动条件得到保障。通过合同和标准的制定，数字平台劳动者可以获得更稳定的工资收入和工作条件。三是需要加强对数字平台的监管和执法，确保数字平台劳动者的权益得到有效保护。例如政府可以设立专门的监管机构，加强对数字平台的监管和执法，确保平台依法经营和履行劳动者权益保障责任。通过加强监管和执法，数字平台劳动者的权益可以得到更好的保护和维护。

数字经济背景下劳动者权益保护主要体现在自由职业者和兼职工作者的权益保护、远程办公和灵活用工模式下的劳动权益保护以及数字平台劳动者的权益保护三个方面，通过理解和分析劳动者权益保护的具体措施，可以更好地把握其在现代经济中的表现和未来的发展趋势，推动劳动者权益保护的健康发展和企业的持续成长。通过完善社会保障体系和法律法规，加强劳动监督和执法，制定标准和规范，关注心理健康和职业发展，建立争议解决机制以及加强监管和执法，劳动者的权益可以得到更好的保护和维护，为企业和劳动者创造了新的价值和机遇，促进了经济和社会的协调发展。

第三节　数字经济中的就业形式

一、灵活就业

在数字经济的推动下，灵活就业成为一种新兴的就业形式，得到了广泛的应用和发展。灵活就业不仅为劳动者提供了更多的就业选择和工作自由度，也为企业提供了更高效的用工方式和成本控制手段。理解灵活就业的特征和优势，对于促进就业市场的健康发展和提升经济活力具有重要意义。以下探讨数字经济背景下灵活就业的具体表现及其影响。

（一）自由职业和兼职工作

数字经济推动了自由职业和兼职工作的普及，劳动者可以通过数字平台实现灵活就业，满足自身对工作时间和工作内容的灵活需求。一是自由职业者通过数字平台提供专业服务，实现灵活就业。例如设计师、程序员、翻译等自由职业者可以通过平台接单，灵活安排工作时间和工作地点，满足不同客户的需求。这种灵活的工作方式不仅提高了劳动者的工作自由度，还促进了劳动市场的多样化和灵活性。二是兼职工作者通过数字平台寻找临时工作机会，实现灵活就业。例如大学生、家庭主妇等可以通过兼职平台寻找短期或临时工作，如家教、临时促销、餐饮服务等。这种灵活的工作方式不仅为兼职工作者提供了额外的收入来源，还满足了企业对临时用工的需求，提高了用工灵活性和市场响应速度。三是自由职业和兼职工作的普及推动了劳动市场的多样化和灵活性。通过数字平台，自由职业者和兼职工作者可以根据自身的技能和兴趣选择工作，实现自我价值和职业发展。企业也可以通过平台雇佣兼职员工，降低用工成本和管理风险，提高用工灵活性和市场竞争力。

（二）远程办公和在线工作

数字经济的发展推动了远程办公和在线工作的兴起，打破了传统办公地点和工作时间的限制，实现了跨地域的就业合作和工作安排。一是企业通过远程办公和在线工作，实现了用工的灵活化和全球化。例如企业可以通过视频会议、在线协作工具等数字平台，雇佣全球范围内的优质人才，灵活安排工作时间和工作地点，提高了用工的灵活性和多样性。这种灵活的工作方式不仅满足了企业对人才的需求，还提升了企业的全球竞争力和市场响应速度。二是劳动者通过远程办公和在线工作，实现了工作与生活的平衡。例如劳动者可以在家中或任何方便的地点进行工作，灵活安排工作时间和工作内容，减少了通勤时间和工作压力，提高了工作效率和生活质量。这种灵活的工作方式不仅提升了劳动者的工作满意度和幸福感，还推动了劳动市场的灵活化和多样化。三是远程办公和在线工作的普及推动了企业的数字化转型和创新发展。通过远程办公和在线工作，企业可以实现业务的数字化管理和协作，提高了运营效率和管理水平，推动了企业的数字化转型和创新发展。劳动者也可以通过远程办公和在线工作，提升自身的数字技能和信息素养，实现职业发展和自我提升。

（三）项目制和按需用工

数字经济推动了项目制和按需用工的兴起，企业可以根据需求灵活雇佣员工，快速调整用工规模和结构，实现高效的资源配置和成本控制。一是企业通过项目制雇佣员工，实现了灵活用工和成本控制。例如企业在进行临时性项目或季节性生产时，可以根据项目需求灵活雇佣员工，避免了长期雇佣带来的用工成本和风险。这种灵活的用工方式不仅提高了企业的生产效率和市场响应速度，还满足了劳动者对短期工作的需求，实现了双方的互利共赢。二是企业通过按需用工，根据市场需求和生产计划灵活调整用工规模和结构。例如企业可以通过数字平台，根据实际需求临时雇佣员工，快速调整用工规模和结构，提高了资源配置的效率和灵活性。这种灵活的用工方式不仅提升了企业的竞争力和市场适应能力，还推动了劳动市场的灵活化和多样化。三是项目制和按需用工的普及推动了企业的创新和市场扩展。通过项目制和按需用工，企业可以快速响应市场变化和客户需求，灵活调整业务和生产计划，提高了市场竞争力和创新能力。劳动者也可以通过项目制和按需用工，积累多样化的工作经验和技能，实现职业发展和自我提升。

数字经济背景下的灵活就业主要体现在自由职业和兼职工作、远程办公和在线工作以及项目制和按需用工这三个方面，通过理解和分析灵活就业的具体形式和影响，可以更好地把握其在现代经济中的表现和未来的发展趋势，推动就业市场的健康发展和经济的持续增长。自由职业和兼职工作的普及提高了劳动市场的多样性和灵活性，远程办公和在线工作的兴起推动了企业的数字化转型和创新发展，项目制和按需用工的普及实现了高效的资源配置和成本控制，为企业和劳动者创造了新的价值和机遇，促进了经济和社会的协调发展。

二、平台就业

平台就业作为数字经济的重要组成部分，已经成为许多劳动者实现就业和收入的重要途径。数字平台通过提供灵活的工作机会和便捷的就业渠道，为劳动者和企业创造了新的价值和机遇。理解平台就业的特征和影响，对于促进就业市场的健康发展和优化人力资源配置具有重要意义。以下探讨数字经济背景下平台就业的具体表现及其影响。

(一) 灵活的工作安排

平台就业的一个显著特征是灵活的工作安排，劳动者可以根据自己的时间和能力选择工作，实现工作与生活的平衡。一是平台就业提供了多样化的工作机会，劳动者可以根据自身的兴趣和技能选择适合的工作。例如滴滴出行、美团外卖等平台为司机和配送员提供了灵活的工作机会，劳动者可以自由安排工作时间和工作地点，满足个人对工作自由度和灵活性的需求。这种灵活的工作安排不仅提高了劳动者的工作满意度，还促进了劳动市场的多样化和灵活性。二是平台就业通过按需用工模式，实现了高效的资源配置和成本控制。例如企业可以通过平台根据实际需求临时雇佣员工，快速调整用工规模和结构，提高了资源配置的效率和灵活性。按需用工模式不仅降低了企业的用工成本和管理风险，还为劳动者提供了更多的就业机会和收入来源，实现了双方的互利共赢。三是平台就业推动了远程工作和在线工作的普及，打破了地域限制，实现了跨地域的就业合作和工作安排。例如 Upwork、Fiverr 等自由职业平台为全球劳动者提供了远程工作和在线工作的机会，劳动者可以在任何地点通过互联网进行工作，灵活安排工作时间和工作内容。这种灵活的工作安排不仅提升了劳动者的工作效率和生活质量，还推动了劳动市场的全球化和一体化。

(二) 多样的就业机会

平台就业为劳动者提供了多样的就业机会，覆盖了各行各业，满足了不同劳动者的就业需求。一是平台就业涵盖了传统行业和新兴行业的多样化工作岗位。例如淘宝、京东等电商平台为销售、客服和物流等传统行业提供了大量的就业机会，快手、抖音等短视频平台为内容创作者、网红和直播带货等新兴行业创造了新的就业机会。这种多样的就业机会不仅满足了不同劳动者的就业需求，还推动了产业的转型升级和创新发展。二是平台就业为特定群体提供了专门的就业机会，促进了就业的公平性和包容性。例如退休人员、家庭主妇和残疾人等特定群体可以通过平台就业实现再就业和灵活就业，发挥自身的技能和价值，提高生活质量和社会参与度。平台就业的普及不仅增加了特定群体的就业机会，还推动了就业的公平性和包容性，促进了社会的和谐发展。三是平台就业推动了共享经济和零工经济的发展，创造了新的就业形式和市场需求。例如 Airbnb、Uber 等共享经济平台为房东和司机提供了灵活的就业机会，劳动者可以通过共享自己的资源和技能，实现就业和收入。共享经济和零工经济的兴起不仅创造了新的就业形式和市场需求，还推动了劳动市场的创新和发展，提升了经济的活力和竞争力。

（三）劳动权益保护的挑战

尽管平台就业带来了许多机遇，但也面临着劳动权益保护的挑战，需要政府、企业和社会共同努力，建立健全的劳动保障体系。一是平台就业者的劳动权益保障面临困难，由于缺乏长期雇佣合同和稳定的劳动关系，平台就业者在工资保障、社会保险和劳动权益保护等方面存在较大不确定性。例如平台就业者往往无法享受企业提供的医疗保险、养老保险等社会保障，工作收入也不稳定，劳动权益容易受到侵害。解决这些问题需要政府和企业共同努力，建立完善的社会保障体系和劳动权益保护机制。二是平台就业者的工作条件和劳动强度难以得到有效监管，劳动权益保障的难度增加。例如外卖骑手和网约车司机的工作时间和劳动强度难以得到有效监管，工作条件和劳动保障也存在不确定性。为了解决这些问题，需要政府加强对平台企业的监管，确保其依法履行劳动保障责任，改善劳动者的工作条件和劳动环境。三是平台就业者的职业发展和培训机会有限，职业发展前景不明确。例如平台就业者由于工作时间和工作内容的灵活性，往往缺乏系统的职业培训和职业发展机会，职业发展前景不明确。为了解决这些问题，需要政府和企业共同努力，提供更多的职业培训和职业发展机会，帮助平台就业者提升职业技能和竞争力，实现职业发展和自我提升。

数字经济背景下的平台就业主要体现在灵活的工作安排、多样的就业机会以及劳动权益保护的挑战这三个方面，通过理解和分析平台就业的具体特征和影响，可以更好地把握其在现代经济中的表现和未来的发展趋势，推动就业市场的健康发展和经济的持续增长。灵活的工作安排提高了劳动市场的多样性和灵活性，多样的就业机会推动了产业的转型升级和创新发展，劳动权益保护的挑战需要通过政策和机制的调整来应对，为企业和劳动者创造了新的价值和机遇，促进了经济和社会的协调发展。

三、远程工作

远程工作作为数字经济中的一种新兴就业形式，近年来得到了迅速发展。信息技术的进步和数字平台的普及，使得远程工作成为可能，并在全球范围内得到广泛应用。远程工作不仅改变了传统的办公模式和劳动关系，还带来了新的机遇和挑战。理解远程工作的特征和影响，对于企业管理和劳动者权益保护具有重要意义。以下探讨数字经济背景下远程工作的具体表现及其影响。

（一）工作灵活性与自由度

远程工作赋予劳动者更大的工作灵活性和自由度，使得工作与生活能够更好地平衡。一是劳动者可以根据个人需求灵活安排工作时间和地点，提高工作效率和生活质量。例如远程工作者可以选择在家中、咖啡厅或共享办公空间进行工作，避免了通勤时间的浪费和交通压力。这种灵活的工作安排不仅提高了劳动者的工作效率，还增强了他们的工作满意度和生活幸福感。二是远程工作使得劳动者能够更好地平衡工作与家庭责任，特别是对于有孩子或需要照顾家庭的劳动者而言，远程工作提供了更多的灵活性和便利性。例如远程工作者可以在照顾家庭的同时灵活安排工作任务和时间，实现工作与家庭的双赢。这种工作形式不仅提高了劳动者的工作积极性，还促进了家庭和谐和社会稳定。三是远程工作推动了劳动市场的多样化和灵活性，为劳动者提供了更多的就业选择和职业发展机会。通过远程工作，劳动者可以自由选择工作地点和工作时间，根据自身的兴趣和能力寻找适合的工作岗位，实现自我价值和职业发展。企业也可以通过远程工作吸引和留住全球范围内的优秀人才，提高用工灵活性和市场竞争力。

（二）企业管理的创新

远程工作的兴起推动了企业管理模式的创新和变革，使得企业在管理和运营方面更加高效和灵活。一是企业通过数字平台和协作工具，实现了远程工作的高效管理和协作。例如企业可以通过视频会议、在线协作工具和项目管理软件，实现远程工作的高效沟通和协作，确保工作任务的顺利进行和高效完成。这种高效的管理和协作模式不仅提高了企业的运营效率，还推动了企业的数字化转型和创新发展。二是企业通过灵活的用工模式，提高了资源配置的效率和成本控制的能力。例如企业可以根据实际需求，通过远程工作雇佣全球范围内的优质人才，灵活调整用工规模和结构，避免了长期雇佣带来的用工成本和管理风险。这种灵活的用工模式不仅提升了企业的市场竞争力，还推动了企业的创新和发展。三是企业通过远程工作实现了全球化运营和市场扩展，提高了企业的国际竞争力和市场适应能力。例如企业可以通过远程工作，吸引和留住全球范围内的优秀人才，拓展国际市场和业务领域，提高了企业的全球竞争力和市场适应能力。远程工作的普及不仅推动了企业的全球化运营，还促进了全球经济的一体化和协同发展。

（三）劳动者权益的保护与挑战

尽管远程工作带来了诸多便利和优势，但也面临劳动者权益保护和管理的挑战，需要政府、企业和社会共同努力，建立健全的劳动保障体系。一是需要建立和完善远程工作的劳动保障机制，确保劳动者的基本权益和福利。例如政府和企业可以通过制定专门的劳动法规和政策，保障远程工作者的工资、社会保险和劳动条件，确保其享有与全职员工同等的劳动权益。通过健全的劳动保障机制，远程工作者可以获得更好的工作保障和权益保护。二是需要关注远程工作者的心理健康和职业发展，提供更多的职业培训和支持。例如企业可以通过心理健康辅导和职业培训，帮助远程工作者应对工作压力和职业发展挑战，提高工作满意度和职业发展机会。通过关注远程工作者的心理健康和职业发展，企业可以提升员工的工作积极性和忠诚度，实现企业和员工的共同成长。三是需要建立远程工作的劳动争议解决机制，保障劳动者的合法权益和利益。例如政府和企业可以共同建立远程工作的劳动争议解决机制，为劳动者提供便捷和高效的争议解决渠道，及时处理劳动争议和权益侵害事件。通过建立劳动争议解决机制，远程工作者的合法权益和利益可以得到更好的保护和维护。

数字经济背景下的远程工作主要体现在工作灵活性与自由度、企业管理的创新以及劳动者权益的保护与挑战这三个方面，通过理解和分析远程工作的具体特征和影响，可以更好地把握其在现代经济中的表现和未来的发展趋势，推动就业市场的健康发展和经济的持续增长。工作灵活性与自由度提高了劳动市场的多样性和灵活性，企业管理的创新推动了企业的数字化转型和全球化运营，劳动者权益的保护与挑战需要通过政策和机制的调整来应对，为企业和劳动者创造了新的价值和机遇，促进了经济和社会的协调发展。

四、自由职业

自由职业作为数字经济中的一种重要就业形式，近年来得到了迅速发展。随着信息技术和数字平台的普及，越来越多的人选择自由职业，实现工作与生活的平衡。自由职业不仅为劳动者提供了更多的工作选择和自由度，也为企业提供了更高效的用工方式和创新发展路径。理解自由职业的特征和影响，对于促进就业市场的健康发展和提升经济活力具有重要意义。以下探讨数字经济背景下自由职业的具体表现及其影响。

（一）自主性与灵活性

自由职业赋予劳动者更高的自主性与灵活性，使得工作安排和职业选择更加多样化。一是自由职业者可以根据个人兴趣和能力选择工作内容和项目，自主安排工作时间和工作地点。例如自由职业者可以选择在家中、咖啡厅或共享办公空间进行工作，根据自己的节奏安排工作任务和时间，提高了工作自由度和灵活性。这种自主的工作安排不仅提升了劳动者的工作满意度，还促进了个人职业发展和自我实现。二是自由职业者可以通过数字平台接触全球范围内的客户和项目，拓展职业发展机会和市场空间。例如自由职业者可以通过 Upwork、Fiverr 等平台寻找客户和项目，实现跨地域和跨国界的工作合作。这种全球化的工作机会不仅提高了劳动者的职业发展空间，还推动了国际合作和市场扩展。三是自由职业者可以根据市场需求和个人能力灵活调整工作内容和项目，提高工作效率和收益。例如自由职业者可以根据市场需求选择高回报的项目和客户，提高工作效率和经济收益。这种灵活的工作安排不仅满足了劳动者对工作自由度和灵活性的需求，还提升了劳动市场的多样性和灵活性。

（二）专业化与多样化

自由职业推动了劳动市场的专业化与多样化，劳动者可以通过不断提升技能和知识，实现专业化发展和多样化就业。一是自由职业者可以通过不断学习和培训提升专业技能和知识，提高职业竞争力和市场价值。例如设计师、程序员、翻译等自由职业者可以通过在线课程和培训项目学习新的技能和知识，提升专业水平和工作能力。这种专业化的发展路径不仅提高了劳动者的职业竞争力，还推动了劳动市场的专业化和高质量发展。二是自由职业者可以通过多样化的工作经历和项目积累丰富的职业经验和知识，实现职业多样化发展。例如自由职业者可以在不同领域和行业从事多样化的工作项目，积累丰富的职业经验和知识，提升综合能力和市场适应能力。这种多样化的工作经历不仅拓展了劳动者的职业发展路径，还推动了个人职业发展和自我提升。三是自由职业者可以通过专业化和多样化的工作模式实现职业发展和创新发展。例如自由职业者可以结合自身的专业技能和市场需求，开发新的工作模式和项目，实现职业发展和创新发展。这种专业化和多样化的发展路径不仅提高了劳动者的职业竞争力，还推动了劳动市场的创新和发展。

（三）劳动权益与保障

尽管自由职业带来了诸多便利和优势，但也面临劳动权益保护和社会保障的挑战，需要政府、企业和社会共同努力，建立健全的劳动保障体系。一是需要建立和完善自由职业者的社会保障体系，确保其基本生活和工作安全。例如政府可以通过政策和法律，推动自由职业者纳入社会保障体系，使其享有医疗保险、养老保险和失业保险等基本社会保障。通过完善的社会保障体系，自由职业者可以减少工作和生活的不确定性，提高工作积极性和满意度。二是需要制定专门的法律法规，保障自由职业者的劳动权益和工作条件。例如政府可以制定专门的法律法规，规范自由职业者的合同签订、工资支付和劳动条件，确保其享有与全职员工同等的劳动权益。通过法律法规的保障，自由职业者可以获得更好的工作条件和劳动保障，减少权益受损的风险。三是需要加强劳动监督和执法，确保自由职业者的权益得到有效保护。例如政府可以设立专门的劳动监督机构，加强对自由职业者劳动合同、工资支付和劳动条件的监督和执法，及时处理劳动争议和权益侵害事件。通过加强劳动监督和执法，自由职业者的劳动权益可以得到更好的保护和维护。

数字经济背景下的自由职业主要体现在自主性与灵活性、专业化与多样化以及劳动权益与保障这三个方面，通过理解和分析自由职业的具体特征和影响，可以更好地把握其在现代经济中的表现和未来的发展趋势，推动就业市场的健康发展和经济的持续增长。自主性与灵活性提高了劳动市场的多样性和灵活性，专业化与多样化推动了劳动市场的高质量发展和创新发展，劳动权益与保障的挑战需要通过政策和机制的调整来应对，为企业和劳动者创造了新的价值和机遇，促进了经济和社会的协调发展。

第四节　数字经济对劳动市场的影响

一、就业机会的变化

数字经济的迅猛发展对劳动市场产生了深远的影响。信息技术和数字平台的普及，不仅改变了传统的就业模式和劳动关系，还创造了大量的新就业机会。理解数字经济对就业机会的变化，有助于更好地把握未来的就业趋势和优化人力资源配置。以下探讨数字经济背景下就业机会的变化及其具体表现。

（一）新兴行业和岗位的涌现

数字经济催生了大量的新兴行业和岗位，拓展了劳动市场的就业空间，为劳动者提供了丰富的就业机会。一是数字经济推动了信息技术和互联网行业的发展，创造了大量的就业机会。例如随着电子商务、社交媒体和移动互联网的普及，相关的岗位需求大幅增加，如软件开发、数据分析、网络安全、数字营销等岗位。这些新兴行业和岗位不仅提供了大量的就业机会，还推动了劳动市场的多样化和专业化发展①。二是数字经济带动了共享经济和平台经济的兴起,创造了新的就业形式和市场需求。例如网约车司机、外卖配送员、短租房东等岗位都是共享经济和平台经济发展带来的新兴职业。这些新的就业形式不仅增加了劳动者的就业选择,还推动了劳动市场的灵活性和创新性发展。三是数字经济推动了人工智能和大数据技术的应用,创造了高技术含量和高附加值的就业机会。例如人工智能工程师、机器学习专家、数据科学家等岗位都是数字经济发展带来的高端职业。这些高技术含量的岗位不仅提升了劳动者的职业竞争力,还推动了劳动市场的高质量发展和创新驱动。

(二) 传统行业的转型与升级

数字经济推动了传统行业的转型与升级,创造了新的就业机会,同时也要求劳动者不断提升技能和适应变化。一是传统制造业通过智能化和数字化转型,创造了新的就业机会。例如智能制造和工业互联网的应用,使得传统制造业岗位发生了变化,机器人操作员、智能设备维护工程师、数字化工厂管理人员等新岗位不断涌现。这些新的就业机会不仅提高了劳动者的技术水平,还推动了制造业的转型升级和高质量发展。二是服务业通过数字平台和信息技术的应用,实现了业务模式的创新和就业机会的拓展。例如在线教育、在线医疗、远程办公等新兴服务模式的兴起,创造了大量的就业机会,如在线教师、远程医疗顾问、虚拟助理等岗位。这些新的就业形式不仅满足了市场需求,还推动了服务业的创新发展和市场扩展。三是农业通过数字农业和智慧农业的发展,实现了产业升级和就业机会的创造。例如农业物联网、精准农业和农业电商的应用,使得传统农业岗位发生了变化,智能农业设备操作员、农业数据分析师、农业电商运营等新岗位不断涌现。这些新的就业机会不仅提升了农业劳动者的技能水平,还推动了农业的现代化和可持续发展。

---

① 李明磊,方杏村.一种新视角:从经济学的角度审视教育技术学 [J].现代教育技术,2007,17 (1):3.

(三) 就业形式的多样化与灵活化

数字经济推动了就业形式的多样化与灵活化，为劳动者提供了更多的就业选择和灵活的工作安排。一是自由职业和兼职工作通过数字平台的普及，成为劳动者实现灵活就业的重要途径。例如越来越多的劳动者选择通过自由职业平台和兼职工作平台实现就业，如设计师、程序员、翻译等岗位。这些灵活的就业形式不仅满足了劳动者对工作自由度和灵活性的需求，还推动了劳动市场的多样化和灵活性发展①。二是远程办公和在线工作成为数字经济背景下的重要就业形式，打破了地域限制，实现了跨地域的就业合作。例如越来越多的企业通过远程办公和在线工作的方式雇佣员工，劳动者可以在任何地点通过互联网进行工作，如远程客服、在线销售、虚拟助理等岗位。这些灵活的工作安排不仅提高了劳动者的工作效率和生活质量，还推动了劳动市场的全球化和一体化发展。三是项目制和按需用工模式的兴起，为企业和劳动者提供了灵活的用工选择和就业机会。例如企业可以通过项目制和按需用工的方式，根据实际需求临时雇佣员工，劳动者可以根据自身能力和市场需求灵活选择工作项目和工作时间。这种灵活的用工模式不仅提高了企业的用工效率和成本控制能力，还为劳动者提供了更多的就业机会和收入来源。

数字经济背景下就业机会的变化主要体现在新兴行业和岗位的涌现、传统行业的转型与升级以及就业形式的多样化与灵活化这三个方面，通过理解和分析就业机会的变化，可以更好地把握其在现代经济中的表现和未来的发展趋势，推动就业市场的健康发展和经济的持续增长。新兴行业和岗位的涌现拓展了劳动市场的就业空间，传统行业的转型与升级创造了新的就业机会，就业形式的多样化与灵活化为劳动者提供了更多的就业选择和灵活的工作安排，为企业和劳动者创造了新的价值和机遇，促进了经济和社会的协调发展。

---

① 任洲鸿. 结合劳动、结合劳动力与剩余价值的榨取机制——理解当代资本主义劳动过程的新视角 [J]. 马克思主义研究, 2016 (6)：11.

二、劳动市场的供需关系

数字经济的发展深刻影响了劳动市场的供需关系。信息技术和数字平台的普及，不仅改变了传统的劳动力需求结构，还重塑了劳动力供给方式。理解数字经济背景下劳动市场供需关系的变化，有助于更好地应对劳动力市场的挑战，优化人力资源配置，促进经济的持续增长。以下探讨数字经济背景下劳动市场供需关系的变化及其具体表现。

（一）劳动力需求结构的变化

数字经济推动了劳动力需求结构的变化，新兴行业和高技能岗位需求大幅增加，传统行业和低技能岗位需求相对减少。一是信息技术和互联网行业的快速发展，带动了对高技能劳动力的需求。例如随着大数据、人工智能、物联网等技术的广泛应用，市场对数据科学家、AI 工程师、网络安全专家等高技能岗位的需求大幅增加。这种高技能岗位需求的增加，推动了劳动力市场的专业化和高质量发展[1]。二是服务业和共享经济的兴起，创造了大量的新就业机会。例如在线教育、在线医疗、共享出行等新兴服务模式的兴起，带动了对在线教师、远程医疗顾问、网约车司机等岗位的需求。这些新兴岗位不仅提供了丰富的就业机会，还推动了劳动力市场的多样化和灵活性发展。三是传统制造业和农业的转型升级，改变了劳动力需求结构。例如智能制造和精准农业的发展，使得传统制造业和农业对低技能劳动力的需求减少，而对高技能操作员、智能设备维护工程师等岗位的需求增加。这种劳动力需求结构的变化，推动了传统行业的转型升级和高质量发展。

（二）劳动力供给方式的变化

数字经济推动了劳动力供给方式的变化，通过数字平台和信息技术实现了劳动力的灵活供给和高效匹配。一是自由职业和兼职工作成为劳动力供给的重要形

---

[1] 田方晨，刘明明. 数字化时代的数字—精神政治学形态及其批判 [J]. 理论月刊，2023（12）：12-22.

式。例如越来越多的劳动者选择通过自由职业平台和兼职工作平台实现就业，自由安排工作时间和工作地点。这种灵活的劳动力供给方式，不仅满足了劳动者对工作自由度和灵活性的需求，还推动了劳动力市场的多样化和灵活性发展。二是远程办公和在线工作推动了跨地域的劳动力供给。例如企业通过远程办公和在线工作的方式雇佣员工，劳动者可以在任何地点通过互联网进行工作。远程办公和在线工作的普及，打破了地域限制，实现了劳动力的全球化供给和高效匹配，提高了劳动力市场的灵活性和全球竞争力。三是数字平台和信息技术实现了劳动力的高效匹配和优化配置。例如招聘平台和人力资源管理系统通过大数据分析和智能匹配技术，实现了劳动力供需的高效匹配和优化配置。企业可以通过平台快速找到合适的员工，劳动者也可以通过平台找到适合的工作岗位。这种高效的劳动力匹配和优化配置，提高了劳动力市场的运行效率和资源利用率。

（三）劳动力市场的供需失衡

尽管数字经济带来了许多就业机会，但也存在劳动力市场供需失衡的问题，需要政府和企业共同努力，采取有效措施应对。一是高技能岗位的需求增加与劳动力供给不足之间的矛盾。例如随着数字经济的发展，对数据科学家、AI 工程师等高技能岗位的需求大幅增加，但相应的高技能劳动力供给不足，导致劳动力市场供需失衡。为了解决这一问题，需要政府和企业加强职业教育和培训，提高劳动者的专业技能和市场竞争力，满足高技能岗位的需求[1]。二是新兴行业的快速发展与传统行业的劳动力流失之间的矛盾。例如数字经济推动了新兴行业的发展，带动了大量的就业机会，但同时也导致传统行业的劳动力流失，影响了传统行业的生产和发展。为了解决这一问题，需要政府和企业采取措施，推动传统行业的转型升级，提高传统行业的吸引力和竞争力，保持劳动力市场的稳定和平衡。三是灵活就业形式的增加与劳动权益保障不足之间的矛盾。例如自由职业、兼职工作、远程办公等灵活就业形式的增加，为劳动者提供了更多的就业选择和灵活的工作安排，但同时也带来了劳动权益保障不足的问题。为了解决这一问

---

[1] 金佳慧，刘文龙. 税收征管数字化与企业资本劳动比 [J]. 东北财经大学学报，2022（5）：75-85.

题，需要政府和企业共同努力，建立健全的劳动保障体系，保障灵活就业劳动者的基本权益和福利，实现劳动力市场的健康发展。

数字经济背景下劳动市场的供需关系主要体现在劳动力需求结构的变化、劳动力供给方式的变化以及劳动力市场的供需失衡这三个方面，通过理解和分析劳动市场供需关系的变化，可以更好地把握其在现代经济中的表现和未来的发展趋势，推动劳动市场的健康发展和经济的持续增长。劳动力需求结构的变化推动了劳动力市场的专业化和高质量发展，劳动力供给方式的变化提高了劳动力市场的灵活性和高效匹配，劳动力市场的供需失衡需要通过政策和机制的调整来应对，为企业和劳动者创造了新的价值和机遇，促进了经济和社会的协调发展。

三、技能要求的变化

在数字经济的推动下，劳动市场对技能的要求发生了显著变化。新技术的广泛应用和工作模式的转变，使得传统的技能需求不断升级，同时也催生了对新技能的强烈需求。理解数字经济背景下技能要求的变化，有助于劳动者提升自身竞争力，并为企业和政策制定者提供指导。以下探讨数字经济背景下技能要求的变化及其具体表现。

（一）信息技术技能的重要性提高

在数字经济中，信息技术技能成为劳动市场的基本要求，劳动者需要具备基本的 IT 技能才能适应新的工作环境。一是基础信息技术技能已经成为几乎所有岗位的基本要求。例如熟练使用办公软件、掌握基本的网络操作和在线协作工具，已经成为多数岗位的必备技能。无论是在制造业、服务业还是农业，劳动者都需要具备基本的信息技术技能，以提高工作效率和适应数字化转型[1]。二是高级信息技术技能的需求大幅增加，特别是在 IT 和互联网相关行业。例如数据分析、编程、网络安全等高级信息技术技能，已经成为市场上炙手可热的技能。企业对于掌握大数据分析、人工智能算法和网络安全防护技能的劳动者需求量不断

---

[1] 肖振钦. 新生代农民工人力资本、心理资本对工作绩效的作用研究 [D]. 福州大学, 2014 (2): 1-135

增加，这些高级技能不仅能够提高企业的技术水平和市场竞争力，还能推动企业的创新发展。三是信息技术技能的持续更新和提升成为劳动者职业发展的关键。例如随着技术的快速迭代和升级，劳动者需要不断学习和掌握新的技术和工具，以保持自身的竞争力。企业也需要通过培训和教育，提高员工的信息技术技能水平，确保企业在数字经济中的持续发展和竞争优势。

(二) 跨领域综合技能的需求增加

数字经济推动了劳动市场对跨领域综合技能的需求，劳动者需要具备多学科和跨领域的综合能力。一是企业越来越重视劳动者的跨领域知识和技能，例如在金融领域，金融科技的兴起要求金融从业人员不仅要具备传统的金融知识，还需要掌握数据分析、编程和网络安全等信息技术技能。在制造业，智能制造的发展要求劳动者不仅要具备传统的机械和电气知识，还需要掌握传感器技术、数据分析和自动化控制等综合技能。这种跨领域综合技能的需求，推动了劳动市场的多样化和高质量发展。二是劳动者需要具备解决复杂问题的综合能力，例如跨部门和跨学科的项目合作，要求劳动者能够综合运用不同领域的知识和技能，解决复杂的技术问题和业务挑战。在企业管理中，数据驱动决策和智能化管理的兴起，要求管理人员不仅要具备管理知识，还需要掌握数据分析和信息技术技能。这种综合能力的提升，有助于劳动者在数字经济中取得更好的职业发展。三是企业通过跨领域综合技能的培养，提高员工的创新能力和市场竞争力，例如通过开展跨学科的培训和教育，培养具备多学科知识和综合能力的复合型人才，提高企业的创新能力和市场竞争力。企业还可以通过跨部门和跨领域的项目合作，提升员工的综合能力和团队协作能力，实现企业的持续发展和创新。

(三) 软技能的重要性提升

数字经济不仅改变了技术技能的需求，还提升了对劳动者软技能的要求，特别是在沟通、团队合作和创新能力方面。一是沟通能力在数字经济中变得尤为重要，例如在远程办公和在线协作的环境中，劳动者需要具备良好的沟通能力，能够通过视频会议、在线聊天工具和电子邮件等方式，与同事和客户进行高效沟通。良好的沟通能力不仅提高了工作效率，还增强了团队的协作能力和工作满意度。二是团队合作能力成为企业选拔人才的重要标准，例如数字经济推动了跨部门和跨领域的协作，要求劳动者具备良好的团队合作能力，能够与不同背景和技能的同事进行协作，完成复杂的项目和任务。良好的团队合作能力不仅提升了团队的工作效率，还增强了企业的竞争力和创新能力。三是创新能力成为劳动者在数字经济中脱颖而出的关键因素，例如随着技术的快速迭代和市场的变化，企业越来越重视劳动者的创新能力，能够提出新的解决方案和商业模式。创新能力不仅推动了企业的技术进步和业务发展，还为劳动者提供了更多的职业发展机会和空间。

数字经济背景下技能要求的变化主要体现在信息技术技能的重要性提高、跨领域综合技能的需求增加以及软技能的重要性提升这三个方面，通过理解和分析技能要求的变化，可以更好地把握其在现代经济中的表现和未来的发展趋势，推动劳动市场的健康发展和经济的持续增长。信息技术技能的重要性提高，推动了劳动者的专业化和高质量发展，跨领域综合技能的需求增加，提升了劳动者的综合能力和市场竞争力，软技能的重要性提升，增强了劳动者的沟通、团队合作和创新能力，为企业和劳动者创造了新的价值和机遇，促进了经济和社会的协调发展。

四、就业结构的调整

随着数字经济的蓬勃发展，就业结构也发生了显著变化。新兴产业的兴起和传统行业的转型升级，不仅改变了就业的分布格局，还对劳动者的技能和岗位需求提出了新的要求。理解数字经济背景下就业结构的调整，对于优化人力资源配置和推动经济高质量发展具有重要意义。以下探讨数字经济背景下就业结构的调整及其具体表现。

（一）新兴产业的快速发展

数字经济推动了新兴产业的快速发展，创造了大量新的就业机会，改变了传统的就业结构。一是信息技术和互联网产业的迅猛发展，带动了相关岗位需求的大幅增加。例如随着电子商务、社交媒体和移动互联网的普及，相关的岗位需求显著增加，如软件开发、数据分析、网络安全、数字营销等岗位。这些新兴产业的快速发展，不仅创造了大量的就业机会，还推动了劳动市场的多样化和专业化发展。二是共享经济和平台经济的兴起，催生了大量灵活就业和临时就业的机会。例如网约车司机、外卖配送员、短租房东等岗位都是共享经济和平台经济发展带来的新兴职业。这些新兴职业不仅增加了劳动者的就业选择，还推动了就业形式的灵活化和多样化发展。

（二）传统行业的转型升级

数字经济推动了传统行业的转型升级，改变了传统岗位的需求结构，推动了就业结构的调整。一是制造业通过智能化和数字化转型，改变了对劳动者的技能和岗位需求。例如智能制造和工业互联网的发展，使得传统制造业岗位发生了变化，机器人操作员、智能设备维护工程师、数字化工厂管理人员等新岗位不断涌现。这些新岗位不仅提高了劳动者的技术水平，还推动了制造业的转型升级和高质量发展。二是服务业通过数字平台和信息技术的应用，实现了业务模式的创新和就业机会的拓展。例如在线教育、在线医疗、远程办公等新兴服务模式的兴起，创造了大量的就业机会，如在线教师、远程医疗顾问、虚拟助理等岗位。这些新兴岗位不仅满足了市场需求，还推动了服务业的创新发展和市场扩展。

数字经济背景下就业结构的调整主要体现在新兴产业的快速发展和传统行业的转型升级这两个方面，通过理解和分析就业结构的调整，可以更好地把握其在现代经济中的表现和未来的发展趋势，推动劳动市场的健康发展和经济的持续增长。新兴产业的快速发展创造了大量新的就业机会，推动了劳动市场的多样化和专业化发展，传统行业的转型升级改变了传统岗位的需求结构，推动了就业结构的调整和高质量发展，为企业和劳动者创造了新的价值和机遇，促进了经济和社会的协调发展。

第五章　数字经济的管理与政策

第一节　数字经济管理的基本理论

一、数字经济管理的理论基础

数字经济的崛起正在深刻改变经济运行的方式，影响企业管理和政府政策的制定。作为一种新兴的经济形态，数字经济以其独有的特征和发展模式对传统的经济管理理论提出了新的挑战。为了应对这些挑战，理解数字经济管理的理论基础显得尤为重要。以下从信息经济学、网络经济学和创新管理理论三个方面详细探讨数字经济管理的理论基础，以期为数字经济的有效管理提供坚实的理论支持。

（一）信息经济学的理论基础

信息经济学作为数字经济管理的重要理论基础，研究信息在经济活动中的核心作用和影响。信息经济学强调信息不对称对市场的影响。在传统经济中，信息不对称导致资源的非有效配置，而信息对称可以显著提高市场效率。信息技术的发展使得信息传递更加迅速和准确，从而降低了信息不对称的影响。信息经济学探讨了信息作为生产要素的价值。信息技术的进步推动了生产力的提升和经济增长，通过大数据分析和信息系统的应用，企业能够更好地进行决策和预测。信息经济学还关注信息的市场价值，包括信息商品的定价机制和市场需求，这些因素对数字经济的管理和发展具有重要意义。信息经济学还研究了信息技术对消费者行为的影响，信息技术的普及使得消费者的选择更加多样化，对市场的需求结构产生了深远影响①。

(二) 网络经济学的理论基础

网络经济学关注网络结构和网络效应在经济活动中的作用。网络经济学的核心概念是网络效应,即随着用户数量的增加,网络的价值也会随之增加。网络效应在平台经济中体现得尤为明显。数字平台通过连接大量用户和服务提供商,形成了强大的网络效应,促进了平台的快速成长和市场主导地位的建立。网络经济学研究了网络的拓扑结构对经济活动的影响。网络的结构特征,如节点的连接模式和网络的密度,直接影响到信息的传播和资源的配置。网络经济学还探讨了多边市场的形成及其对传统市场的冲击。平台经济通过构建多边市场,改变了传统行业的竞争格局,促进了商业模式的创新和市场的全球化。网络经济学的理论为数字经济中的平台管理和网络效应的优化提供了理论支持,帮助企业和政府更好地应对市场变化。

(三) 创新管理理论的基础

创新管理理论在数字经济中具有重要的应用价值,创新管理理论关注如何通过有效的管理策略来促进技术和管理创新。创新管理理论强调技术创新和管理创新的结合,数字经济的成功离不开技术的突破和管理模式的创新。企业需要通过技术研发和管理模式创新来适应快速变化的市场环境。创新管理理论探讨了组织结构和资源配置对创新的影响。企业通过建立灵活的组织结构和配置资源来推动创新,包括设置创新部门、激励机制和研发投入。创新管理理论还关注创新的生命周期管理,从创新的初期研发到市场推广和最终的产品生命周期管理,都需要科学的管理策略。最后创新管理理论研究了市场竞争中的创新战略,企业需要通过创新来维持竞争优势,推动行业的发展。创新管理理论为企业在数字经济中进

---

① Smith, J., & Jones, M. The impact of digital goods on traditional market structures [J]. Journal of Digital Economy, 2022, 38 (5): 123-145.

行有效创新提供了指导，帮助企业在竞争激烈的市场中脱颖而出①。

数字经济管理的理论基础涵盖了信息经济学、网络经济学和创新管理理论，这些理论提供了对数字经济中信息管理、网络效应和创新战略的深刻理解。信息经济学为数字经济中的信息管理提供了理论支持，网络经济学解释了网络效应对市场的影响，而创新管理理论则为企业在数字经济中进行有效创新提供了指导。结合这些理论，可以更有效地应对数字经济带来的挑战，实现资源的高效配置和经济的可持续发展。在未来的管理实践中，运用这些理论将有助于推动数字经济的健康发展，提高企业和政府的管理效率，为数字经济的持续增长奠定坚实的基础。

二、数字经济管理的主要内容

数字经济的快速发展为企业和政府带来了新的管理挑战和机遇。为了有效应对这些挑战，数字经济管理需要涵盖多个方面，包括数据管理、技术创新、合规性和战略规划等。这里探讨数字经济管理的主要内容，以帮助各方理解在数字经济环境下如何进行有效的管理和决策。

（一）数据管理与保护

在数字经济中，数据是最核心的资产之一，因此数据管理与保护是数字经济管理的重要内容。一是数据的采集和存储需要遵循规范化的管理流程，以确保数据的完整性和安全性。企业在采集数据时，需要明确数据的来源和用途，确保数据的合法性，并采用有效的存储技术以防止数据丢失或泄露。同时数据的存储还须符合相关的法律法规，如《数据保护法》和《个人信息保护法》，以保障数据的安全性和合规性。二是数据的分析和应用需要在保护用户隐私的前提下进行，例如通过对数据进行脱敏处理和匿名化处理，避免泄露用户的个人信息。企业还需要建立健全的数据使用规范，确保数据分析结果的准确性和可靠性，防止因数据误用导致的决策失误或商业损失。数据管理不仅涉及技术层面的保护，还包括

---

① Brown, L., & Green, P. Digital labor: New forms of employment in the gig economy [J]. International Journal of Labor Studies, 2021, 27 (3): 89-110.

对数据使用和分享的伦理考量①。三是数据保护需要采取多层次的安全措施,例如实施数据加密技术、访问控制和监控系统,以防止未授权的访问和数据泄露。企业还需定期进行安全审计和风险评估,及时发现和修复安全漏洞,确保数据的安全性和完整性。通过建立完善的数据保护体系,企业能够有效应对数据安全威胁和挑战,提升数据管理的水平和效率。

(二) 技术创新与应用

技术创新是推动数字经济发展的重要因素,数字经济管理需要关注技术的研发和应用,以保持企业的竞争力和市场地位。一是鼓励技术研发和创新,通过投资和合作推动新技术的开发和应用。例如企业可以通过建立研发中心、与高校和科研机构合作,开展前沿技术的研究和应用。这不仅能够提升企业的技术水平和产品竞争力,还能推动整个行业的技术进步和创新发展。二是有效利用新兴技术,提升企业的业务效率和运营效果。例如人工智能、大数据分析和区块链技术的应用,能够优化企业的生产流程、改进客户服务和提升决策水平。企业需要根据自身的业务需求和市场环境,选择适合的技术方案,并进行技术的整合和应用,以实现业务的转型升级。三是关注技术的规范和标准,确保技术应用的合规性和安全性。例如企业在应用新技术时,需要遵循相关的技术标准和规范,防止因技术不规范而导致的安全隐患和法律风险。同时企业还需关注技术的伦理问题,如人工智能的公平性和透明性,确保技术的应用符合社会的伦理和法律要求。

(三) 合规性与政策监管

在数字经济环境下,合规性和政策监管是企业管理的重要方面,确保企业的运营符合相关法律法规和政策要求。一是遵守数据保护法规,确保企业的数据处理和使用符合相关的法律要求。例如《欧盟通用数据保护条例》(GDPR) 和《中国个人信息保护法》(PIPL) 等法规对数据的收集、存储和使用有严格的规

---

① Thompson, R. Digital capital and its role in economic growth [J]. Journal of Economic Perspectives, 2020, 54 (2): 56-78.

定，企业需要遵循这些法规，以避免法律风险和经济损失。合规性不仅涉及法律法规的遵循，还包括对行业标准和最佳实践的执行。二是关注数字经济领域的政策变化，及时调整企业的战略和运营模式。例如政府对数字经济的政策和监管会发生变化，企业需要关注政策的动态，及时调整业务策略和管理措施，以适应新的政策要求。政策的变化涉及数据保护、技术规范、市场准入等多个方面，企业需建立灵活的应对机制，以确保持续合规和稳定运营。三是加强与监管机构的沟通和合作，建立良好的企业与政府的关系。例如企业可以通过参与行业协会、政策咨询和标准制定，主动与监管机构沟通，表达自身的意见和建议。通过与政府和监管机构的积极合作，企业能够更好地理解政策要求，预防合规风险，并推动政策的制定和实施。

数字经济管理的主要内容包括数据管理与保护、技术创新与应用以及合规性与政策监管。数据管理与保护是数字经济管理的基础，确保数据的安全性和合规性；技术创新与应用是推动企业发展的关键，通过技术的研发和应用提升业务效率；合规性与政策监管则是确保企业运营合法和稳定的重要保障。通过全面了解和掌握这些内容，企业能够更好地应对数字经济带来的挑战，提升管理水平，实现可持续发展。

三、数字经济管理的目标

数字经济的飞速发展使得数字经济管理成为企业和政府关注的焦点。有效的数字经济管理不仅有助于提升企业的市场竞争力，还能推动整个经济的可持续发展。管理目标的设定是实现这些目标的基础和关键。以下探讨数字经济管理的主要目标，以帮助理解如何在数字经济环境下进行有效的管理和策略制定。

（一）提升企业竞争力

提升企业竞争力是数字经济管理的核心目标之一，在数字经济中，技术创新和数据驱动是企业获取竞争优势的重要手段，因此企业需要通过管理提升自身的技术能力和市场地位。一是通过数字化转型，提高企业的运营效率和服务质量。例如采用大数据分析和人工智能技术，可以优化业务流程、改进客户体验，从而提升企业的整体竞争力。企业需要建立适应数字化环境的组织架构和管理模式，以有效支持技术的应用和业务的创新①。二是推动技术创新，增强企业的市场竞争力。企业应加大在研发上的投入，与科技公司、高校和研究机构合作，积极推动技术的突破和应用。通过技术创新，企业能够推出更具竞争力的产品和服务，满足市场不断变化的需求，巩固市场地位。三是建立灵活的战略管理机制，以应对数字经济带来的不确定性。企业需要根据市场变化和技术发展，及时调整战略方向和经营模式，以保持竞争优势。通过灵活的战略调整和快速的决策能力，企业能够在竞争激烈的市场环境中脱颖而出。

（二）促进经济的可持续发展

数字经济管理的另一个重要目标是促进经济的可持续发展。数字经济的快速发展带来了新的经济模式和增长点，同时也对环境和社会产生了深远的影响。因此数字经济管理需要兼顾经济效益和社会责任，推动经济的长期可持续发展。一是推动绿色数字经济的发展，减少对环境的负面影响。例如企业可以通过采用节能技术和绿色数据中心，降低能耗和碳排放。绿色数据中心通过使用可再生能源、优化冷却系统和提高能源效率，能够显著减少对环境的影响。政府也可以通过政策引导和激励措施，鼓励企业在数字经济中采取环保措施，实现经济发展与环境保护的双赢。例如提供税收减免和补贴，推动企业投资绿色技术和设施，同时政府可以制定并推广绿色标准和认证体系，激励企业在生产和运营中遵循环保标准，推动整个行业的绿色转型。二是推动社会包容性增长，缩小数字鸿沟。数字经济的发展应惠及不同层次的社会群体，包括中小企业和低收入群体，政府可以通过制定支持政策和提供培训机会，帮助这些群体参与数字经济，提升其发展能力和经济利益，实现社会的公平与包容。具体而言政府可以为中小企业提供技术支持和资金援助，帮助其进行数字化转型，提高市场竞争力。同时政府可以通过公共教育和职业培训项目，提升低收入群体的数字技能和就业能力，使其能够在数字经济中找到更多的就业机会和收入来源。此外政府还可以推动数字基础设

---

① Williams, K., & Adams, T. The distribution mechanisms of digital goods [J]. Economics and Society, 2019, 45 (7): 203-225.

施的建设,确保偏远和落后地区的居民能够获得高速互联网接入,从而参与数字经济,享受其带来的便利和好处。三是加强对数字经济风险的管理,保障经济的稳定性。数字经济的发展带来了新的风险,如数据泄露、网络攻击等,企业和政府需要建立有效的风险管理机制,以应对这些挑战,通过制定风险管理政策和实施预警机制,保障数字经济的安全和稳定,促进经济的可持续发展。例如企业可以加强网络安全防护措施,定期进行安全审计和漏洞修复,防范数据泄露和网络攻击的风险。政府则可以建立国家级的网络安全监控和应急响应体系,及时应对重大安全事件,维护公共安全和社会稳定。同时政府可以制定和实施严格的数据保护法律法规,规范数据的收集、存储、处理和使用,保障个人隐私和信息安全。此外,数字经济的管理还应关注技术伦理和社会责任,随着人工智能、大数据和物联网等技术的快速发展,技术滥用和伦理问题日益突出。企业和政府需要在技术开发和应用中遵循伦理原则,确保技术的使用对社会和人类福祉产生积极影响。例如在人工智能的开发和应用中,企业应注重算法的公平性和透明性,避免歧视和偏见,同时政府可以制定和推广技术伦理规范,指导企业和科研机构在技术创新过程中遵循伦理标准,促进科技向善。

(三) 提升社会福利和生活质量

提升社会福利和生活质量是数字经济管理的又一重要目标。数字经济不仅是经济增长的推动力,它还应当为社会的整体福祉作出贡献,改善人们的生活质量。一是利用数字技术改善公共服务的效率和质量,例如数字技术可以应用于医疗、教育和交通等公共服务领域,提高服务的可及性和质量。通过智能医疗系统、在线教育平台和智慧交通系统,提升公共服务的水平和效率,为社会带来更大的福利。二是推动社会创新,解决社会问题,数字经济管理应支持社会创新,鼓励企业和组织利用数字技术解决社会问题,如贫困、教育不平等和环境污染。通过社会创新项目和合作平台,推动技术与社会问题的结合,实现社会问题的有效解决和福祉提升[1]。三是提升劳动者的工作条件和生活水平,数字经济的发展

---

[1] Miller, D., & Clark, S. The transformation of labor in the digital age [J]. Labor Economics, 2018, 33 (4): 312-334.

应当带来更好的工作条件和更高的生活水平，例如通过远程工作和灵活就业等形式，改善劳动者的工作环境和生活质量。政府和企业需要关注劳动者的权益保护和福利提升，确保数字经济发展的成果能够惠及广大劳动者。

数字经济管理的目标包括提升企业竞争力、促进经济的可持续发展，以及提升社会福利和生活质量。提升企业竞争力是数字经济管理的核心，要求企业通过技术创新和数字化转型增强市场地位；促进经济的可持续发展则关注环境保护、社会包容和经济风险管理，确保经济的长期健康发展；提升社会福利和生活质量则致力于通过数字技术改善公共服务、推动社会创新和提升劳动者的生活水平。通过全面实现这些目标，数字经济管理能够有效推动经济和社会的全面进步。

第二节 数字经济管理的实践

一、管理模式的创新

在数字经济迅速发展的背景下，传统的管理模式面临着前所未有的挑战，企业和组织需要创新管理模式，以适应数字化时代的需求。数字经济的特点如数据驱动、信息透明和高效协作，促使管理模式从以往的层级结构转变为更为灵活和动态的形式。以下探讨数字经济管理模式的创新及其实际应用。

（一）数据驱动的决策模式

在数字经济时代，数据成为决策的重要依据，数据驱动的决策模式显著提高了管理决策的准确性和时效性。一是数据分析和大数据技术的应用使得决策过程更加科学化，企业通过对大量数据进行收集和分析，能够洞察市场趋势、消费者行为和业务表现，从而做出更有针对性的决策。例如电商平台利用用户行为数据进行个性化推荐，提高了销售转化率，金融机构通过数据分析优化风险管理和投资策略。二是实时数据监控和反馈机制的建立提升了决策的灵活性和响应速度，企业可以通过实时监控系统跟踪业务运行状态，及时调整策略应对市场变化。例如物流公司利用实时追踪系统优化配送路径和资源配置，提高了运营效率和客户满意度。三是数据驱动的决策模式促进了企业内部的信息共享和协作，数据的开放和共享打破了部门间的壁垒，增强了组织的协同效能。例如企业内部的数字化平台将各部门的业务数据整合，促进了信息流动和决策的一致性，提高了整体运营效率。

（二）敏捷管理方法的应用

敏捷管理方法以其灵活性和适应性在数字经济环境中得到了广泛应用，帮助企业更快地响应市场需求和技术变革。一是敏捷管理强调迭代和反馈，企业通过短周期的迭代开发和持续的客户反馈，不断优化产品和服务。例如软件开发领域的敏捷方法通过快速迭代和频繁发布，提高了产品质量和用户满意度，缩短了开发周期。二是跨职能团队的协作模式提升了工作效率和创新能力，敏捷管理鼓励团队成员在不同领域之间协作，共同解决问题和推动项目进展。例如产品开发团队通过跨部门合作实现了更快的产品上市和更高的市场适应性。三是敏捷管理促进了组织文化的变革，强调自我组织和自主决策，激发了员工的创造力和主动性。例如企业通过赋予团队更多的自主权和决策权，提高了员工的工作积极性和参与感，推动了组织的创新和发展。

（三）平台化管理模式的兴起

平台化管理模式通过构建开放的数字平台，促进了资源的共享和协同，改变了传统的管理模式。一是平台化管理模式打破了传统的组织边界，实现了资源的最大化利用，企业可以通过平台将供应商、合作伙伴和消费者连接起来，形成更为广泛的生态系统。例如共享经济平台通过连接用户和服务提供商，实现了资源的共享和高效配置。二是平台化管理模式推动了业务的多元化和创新，企业可以在平台上开展多种业务，探索新的商业模式和机会。例如数字平台企业通过开放API和开发者工具，吸引第三方开发者创建各种应用和服务，拓展了业务范围和市场机会。三是平台化管理模式提升了企业的灵活性和适应性，企业可以通过平台的功能和服务进行快速调整和优化，以应对市场变化和竞争挑战。例如平台企业可以根据用户需求和市场趋势，快速调整产品和服务，保持竞争优势和市场份额。

数字经济时代的管理模式创新主要体现在数据驱动的决策模式、敏捷管理方法的应用以及平台化管理模式的兴起。这些创新模式提升了企业的决策准确性和效率，增强了组织的灵活性和适应性，推动了业务的多元化和创新。通过深入理解和应用这些管理模式，企业可以更好地应对数字经济带来的挑战，实现持续发展和竞争优势。在快速变化的市场环境中，创新的管理模式不仅能够提高企业的运营效率和市场响应能力，还能够为企业带来新的机遇和增长点。

二、管理工具的应用

在数字经济时代，传统的管理工具和方法已难以满足新的业务需求和市场环境。因此企业和组织必须采用新型管理工具来提高运营效率、优化决策过程和实现战略目标。以下探讨数字经济中各种管理工具的应用，并分析它们如何帮助企业应对快速变化的市场环境和复杂的业务挑战。

（一）大数据分析工具的应用

大数据分析工具在数字经济中扮演了关键角色，它们通过对大量数据进行处理和分析，帮助企业从中提取有价值的洞察，支持战略决策和业务优化。一是大数据分析工具提供了对市场趋势和消费者行为的深刻洞察，企业可以通过对数据的分析，了解市场需求变化和消费者偏好，从而制定更加精准的营销策略。例如电商平台利用大数据分析用户的购买行为和浏览记录，进行个性化推荐，提升了销售转化率。二是大数据分析工具帮助企业优化运营效率和资源配置，通过对运营数据的实时监控和分析，企业可以发现并解决运营中的瓶颈问题，优化生产流程和资源分配。例如制造企业利用大数据分析生产数据，预测设备故障，进行预防性维护，降低了生产停机时间和维修成本。三是大数据分析工具支持企业进行风险管理和预测，企业可以通过对历史数据和市场动态的分析，识别潜在风险，制定应对策略。例如金融机构利用大数据分析客户交易行为，识别异常活动，防范金融欺诈和风险。

(二) 人工智能与机器学习的应用

人工智能（AI）和机器学习（ML）技术在数字经济中得到了广泛应用，它们通过自动化和智能化的方式提升了管理效率和决策能力。一是人工智能技术提高了数据处理和分析的自动化程度，通过自然语言处理、图像识别等技术，AI可以自动处理大量的非结构化数据，为决策提供支持。例如客服机器人利用自然语言处理技术自动回复客户问题，提高了服务效率和客户满意度。二是机器学习算法能够进行模式识别和预测分析，帮助企业从数据中发现潜在的模式和趋势，进行业务预测和策略优化。例如零售企业利用机器学习算法预测销售趋势，调整库存和定价策略，提高了库存周转率和盈利能力。三是人工智能与机器学习技术促进了个性化服务的实现，企业可以根据用户的行为数据和偏好，提供定制化的产品和服务。例如流媒体平台利用AI推荐系统根据用户的观影历史推荐相关内容，提升了用户的观看体验和平台的黏性。

(三) 云计算与虚拟化技术的应用

云计算与虚拟化技术在数字经济中改变了企业的IT基础设施和资源管理方式，为企业提供了灵活的计算资源和高效的管理工具。一是云计算技术提供了按需服务和资源扩展的能力，企业可以根据业务需求灵活调整计算资源，降低了IT基础设施的投资成本。例如企业可以通过云计算平台租用计算资源和存储空间，无须投资昂贵的硬件设备，降低了IT管理成本。二是虚拟化技术通过将物理资源进行虚拟化，提供了更高效的资源利用和管理方式，企业可以在同一台服务器上运行多个虚拟机，提高了资源的利用率和灵活性。例如虚拟化技术使得企业能够在单一服务器上部署多个应用程序，优化了资源配置和管理效率。三是云计算与虚拟化技术支持了企业的远程办公和协作，通过云平台和虚拟化工具，企业可以实现远程访问和协作，提升了工作效率和团队协作能力。例如企业通过云存储和在线协作工具，实现了跨地域团队的实时协作和信息共享，提高了项目管理效率和沟通效果。

数字经济中的管理工具应用涵盖了大数据分析工具、人工智能与机器学习技术以及云计算与虚拟化技术等多个方面。这些工具通过提高数据处理和分析能力、优化决策过程和提升运营效率，帮助企业应对市场变化和业务挑战。大数据分析工具为企业提供了市场洞察和运营优化的支持，人工智能和机器学习技术推动了智能化和个性化服务的实现，而云计算与虚拟化技术则改变了企业的IT基础设施和资源管理方式。在数字经济时代，企业必须积极采用和应用这些管理工具，以实现业务的持续增长和竞争优势。

三、管理过程的优化

在数字经济的快速发展背景下，企业面临的管理挑战不断增加，管理过程的优化成为提高竞争力和实现长期可持续发展的关键。通过引入先进的管理理念和技术，企业可以优化管理流程，提高效率，降低成本，并更好地应对市场的不确定性。这里探讨数字经济中管理过程的优化，包括流程再造、自动化管理和数据驱动决策三个方面，并分析它们在实际应用中的效果和挑战。

（一）流程再造的应用与成效

流程再造是指通过重新设计和优化业务流程，以提高效率、减少浪费和提升服务质量。在数字经济中，流程再造成为提升企业竞争力的重要手段。一是流程再造能够显著提高业务流程的效率，通过对现有流程的分析和优化，企业可以减少不必要的步骤和环节，实现流程的简化和运行加速。例如企业通过重新设计供应链管理流程，减少了中间环节，缩短了交货时间，提高了客户满意度和市场响应速度。二是流程再造有助于降低运营成本，通过对流程的优化，企业可以减少资源的浪费和重复劳动，从而降低运营成本。例如制造企业通过流程再造实现了生产线的自动化，减少了人工干预和生产成本，提高了生产效率和产品质量。三是流程再造促进了业务创新和服务提升，通过重新设计业务流程，企业可以引入新技术和新方法，提升服务质量和客户体验。例如金融机构通过流程再造优化了客户服务流程，实现了在线办理业务和自动化审批，提升了服务效率和客户满意度。

(二) 自动化管理的实施与挑战

自动化管理是指通过引入自动化技术和工具,减少人工干预,提高管理效率和精确度。在数字经济中,自动化管理成为提升企业运营能力和减少人力成本的重要手段。一是自动化管理提升了运营效率,通过自动化工具和系统,企业可以实现业务流程的自动化处理和监控,减少了人工操作和错误。例如企业利用自动化系统管理库存,实现了实时监控和自动补货,减少了库存积压和缺货情况。二是自动化管理降低了人力成本和错误率,通过自动化技术替代人工操作,企业可以减少人工成本和人为错误,提高工作效率和准确性。例如企业通过自动化财务系统处理账务和报表,减少了手工输入和计算错误,提高了财务数据的准确性和处理速度。三是自动化管理面临技术实施和维护挑战,企业在引入自动化工具时,需要解决技术集成、系统维护和数据安全等问题。例如企业在实施自动化生产线时,需要考虑设备兼容性、系统升级和数据保护等问题,确保自动化系统的稳定运行和安全性。

(三) 数据驱动决策的应用与价值

数据驱动决策是指通过对数据的收集、分析和应用,支持企业的决策过程,提升决策的科学性和准确性。在数字经济中,数据驱动决策成为企业获取竞争优势的重要手段。一是数据驱动决策能够提高决策的准确性,通过对大量数据的分析,企业可以获得有价值的参考,支持科学决策和战略规划。例如企业通过数据分析了解市场趋势和客户需求,制定精准的市场营销策略和产品规划,提高了市场竞争力和业务增长。二是数据驱动决策有助于实时监控和快速响应,通过实时数据的收集和分析,企业可以及时发现问题和机会,快速调整策略和运营。例如零售企业通过数据分析监控销售情况,及时调整库存和促销策略,提升了销售业绩和客户满意度。三是数据驱动决策需要解决数据质量和隐私保护问题,企业在进行数据分析时,需要确保数据的准确性和完整性,同时遵守数据隐私保护法规,防止数据泄露和滥用。例如企业在进行客户数据分析时,需要采取数据加密和访问控制措施,确保客户数据的安全和隐私。

在数字经济时代,管理过程的优化对企业的竞争力和可持续发展至关重要。通过流程再造、自动化管理和数据驱动决策,企业可以显著提高运营效率、降低成本,并更好地应对市场挑战。流程再造通过优化业务流程,提高了效率和服务质量,自动化管理通过引入技术工具,提升了管理精确度和降低了人力成本,而数据驱动决策通过数据分析支持科学决策,提升了决策准确性和响应速度。然而,企业在实施这些优化措施时,也面临技术实施、数据质量和隐私保护等挑战,需要采取有效的解决方案,确保优化效果的最大化和长期可持续性。

四、管理效果的评估

在数字经济快速发展的背景下,管理效果的评估已成为保障企业管理措施有效性和持续发展的核心任务。数字经济的复杂性和动态性使得管理效果的评估不仅要关注传统的财务指标,还需综合考虑非财务指标和新的评估方法。有效的评估可以帮助企业识别潜在的问题,发现改进空间,从而优化管理策略,实现可持续发展。以下从评估指标的选择、评估方法的应用以及评估结果的分析三个方面深入探讨数字经济管理效果的评估,并对各方面实际应用中的挑战和解决方案进行详细分析。

(一) 评估指标的选择与应用

评估指标是衡量管理效果的关键工具,其选择和应用对评估结果的准确性和可靠性至关重要。在数字经济管理中,评估指标的选择通常包括财务指标和非财务指标,通过这两类指标的综合分析,能够全面评估管理措施的实际效果。一是财务指标是评估管理效果的重要依据,包括收益、成本、利润、投资回报率等。财务指标能够直观反映管理措施对企业财务状况的影响。例如企业在实施数字化转型后,可以通过对收益和成本的分析,评估数字化带来的实际效益,并优化投资决策和资源配置,提高投资回报率。在实际应用中,财务指标还可以通过对比分析、趋势分析等方法进行深入研究,揭示潜在的财务风险和机会。二是非财务指标包括客户满意度、员工满意度、流程效率等,这些指标能够反映管理措施对企业内部和外部环境的影响。例如企业在引入新的客户关系管理系统后,可以通过调查客户满意度和员工满意度，评估系统改进的效果，提升客户服务质量和员工工作满意度。非财务指标的应用还可以结合市场调研、竞争分析等方法，提供对管理效果的全面评估。三是选择适当的评估指标需要结合企业的具体情况和管理目标，根据实际需求进行调整和优化。例如制造企业在评估生产线自动化效果时，除了财务指标，还须关注生产效率、产品质量等非财务指标。通过对这些指标的综合分析，企业可以全面评估自动化改造的成果，并发现进一步优化的空间。在实际操作中，企业还需建立系统的指标监测和分析机制，确保评估结果的准确性和实时性。

（二）评估方法的应用与挑战

评估方法的选择和应用对管理效果的评估至关重要，不同的方法能够揭示管理效果的不同方面。在数字经济管理中，常用的评估方法包括数据分析法、对比分析法和案例研究法等。一是数据分析法。通过对企业内部和外部数据的收集和分析，揭示管理措施的实际效果。例如企业可以利用大数据分析技术对销售数据、客户反馈数据进行深度分析，评估营销策略的效果，并根据数据结果进行调整。这种方法能够提供精准的管理效果数据支持，但在实际应用中也面临数据质量、数据整合等挑战。企业需要建立完善的数据管理和分析体系，确保数据的准确性和可靠性。二是对比分析法。通过对比管理措施实施前后的数据，评估措施的效果。这种方法能够直观展示管理措施的改进效果。例如企业在实施流程再造后，可以通过对比实施前后的生产效率和成本数据，评估流程优化的成果，并发现进一步优化的空间。然而，对比分析法也面临数据偏差、外部环境变化等挑战。企业需要考虑各种影响因素，进行综合分析和解释，确保评估结果的科学性和客观性。三是案例研究法。通过对具体案例的深入分析，揭示管理措施的实际效果和经验教训。例如企业可以通过对成功的数字化转型案例进行研究，提炼出有效的管理策略和实施经验，为其他企业提供参考和借鉴。如案例研究法能够提供详细的实践经验和成功因素，但在实际应用中也面临选择案例的代表性、案例分析的深度等挑战。企业需要选择具有代表性和可比性的案例进行分析，并结合自身情况进行经验总结和应用。

(三) 评估结果的分析与应用

评估结果的分析和应用是确保管理措施有效性的关键步骤,通过对评估结果的系统分析,企业可以识别管理措施的优点和不足,并进行有针对性的改进。一是对评估结果的分析需要结合企业的战略目标和管理需求,进行全面的解读和分析。例如企业在评估数字营销策略的效果时,需要结合市场定位、目标客户群体等因素,分析评估结果的实际意义,并进行策略调整和优化。通过系统的分析,企业可以发现管理措施的实际效果,识别存在的问题,并制订相应的改进方案。二是评估结果的应用包括制定改进措施和优化管理策略,通过对评估结果的深入分析,企业可以发现管理措施中的不足,并制定相应的改进措施。例如企业在评估员工满意度后,发现管理制度中的不足之处,可以制定改进措施,提高员工的工作满意度和工作效率。评估结果的应用还包括建立改进措施的实施计划和评估机制,确保措施的有效性和持续性。三是评估结果的持续跟踪和反馈能够确保改进措施的有效性,通过对改进措施的实施效果进行跟踪和反馈,企业可以及时调整和优化管理策略。例如企业在实施新的客户服务流程后,通过持续的跟踪和反馈,发现了改进的效果,进一步优化了服务流程,提高了客户满意度。持续跟踪和反馈还可以帮助企业建立完善的管理评估体系,确保管理措施的长期有效性和持续改进。

管理效果的评估在数字经济中具有重要的作用,通过对评估指标的选择、评估方法的应用和评估结果的分析,企业能够全面了解管理措施的实际效果,并进行有针对性的改进。财务指标和非财务指标的综合分析能够提供全面的评估依据,数据分析法、对比分析法和案例研究法的应用能够揭示管理效果的不同方面,而评估结果的系统分析和应用则能确保改进措施的有效性。尽管在评估过程中面临数据质量、方法选择和结果解读等挑战,但通过有效的解决方案和持续的跟踪反馈,企业可以实现管理效果的不断提升和可持续发展。

第三节 数字经济的政策体系

一、数字经济的政策框架

在数字经济的迅猛发展中,建立科学有效的政策框架对于引导数字经济的健康发展、推动创新、保障市场秩序至关重要。数字经济政策框架的建立不仅要考虑技术发展的趋势,还需涵盖市场监管、数据保护、创新支持等多个方面。以下从政策框架的结构和内容、政策制定的挑战与对策、以及政策框架的实施效果等方面,详细探讨数字经济的政策框架,以期为相关政策的制定和优化提供参考。

(一) 政策框架的结构和内容

数字经济的政策框架应当全面覆盖数字经济发展的各个方面,包括市场监管、数据保护、创新支持、知识产权保护等多个领域。政策框架的结构和内容对于实现数字经济的全面发展和健康运行具有重要意义。一是市场监管政策是数字经济政策框架的重要组成部分,其主要目的是确保市场的公平竞争和有效运作。例如制定针对数字平台垄断行为的监管政策,防止市场集中度过高带来的竞争不足;以及实施透明的价格政策,保障消费者的权益。市场监管政策还包括反垄断法、竞争法等,旨在维护市场秩序,保护中小企业的竞争环境,促进市场的健康发展。二是数据保护政策在数字经济中发挥着至关重要的作用,随着数字化进程的推进,大量数据的生成和处理使得数据保护成为政策框架中的重要内容。例如制定数据隐私保护法,明确数据收集、存储、使用和共享的规则,保障用户的个人信息安全;同时建立数据泄露应急机制,快速响应数据安全事件,减少对用户和企业的损害。数据保护政策还需要在跨境数据流动、数据治理等方面制定相应的规则,确保数据使用的合法性和安全性。三是创新支持政策旨在促进数字经济的技术创新和产业升级,包括对数字技术研发的资金支持、税收优惠、技术转移等措施。例如设立创新基金,支持数字技术的研发和应用;通过税收优惠政策,激励企业进行技术创新和研发投资。创新支持政策还应包括对初创企业的扶持措施，帮助其在市场中站稳脚跟，推动新兴技术的发展和应用。

(二) 政策制定的挑战与对策

在建立数字经济政策框架的过程中，面临着众多挑战，包括技术发展的不确定性、政策适应性的不足、国际合作的复杂性等。这些挑战需要通过科学的政策设计和有效的对策来应对。一是技术发展的不确定性使得政策制定面临挑战，数字技术的快速迭代和发展导致现有政策的适用性降低。例如人工智能和区块链等新兴技术的发展会对现有的法律法规提出新的要求。对此，政策制定者应当建立灵活的政策调整机制，及时对政策进行修订和更新，以适应技术发展的变化。通过建立技术预测和咨询机制，提前识别技术发展趋势，进行前瞻性政策设计，以减少政策滞后的风险。二是政策适应性的不足也是建立数字经济政策框架面临的一大挑战。现有的政策无法完全适应数字经济的复杂性和多样性，例如传统的市场监管政策无法有效应对数字平台的垄断问题。对此，政策制定者需要在制定政策时充分考虑数字经济的特点，结合实际情况进行适应性调整。通过开展政策评估和效果监测，及时发现政策实施中的问题，并进行针对性的改进，以提高政策的适应性和有效性。三是国际合作的复杂性使得数字经济政策的制定和实施面临挑战。数字经济的跨国性和全球性使得各国在数据流动、市场准入等方面需要进行协调和合作。例如数据保护政策的跨境适用性问题，需要在国际层面进行协商和合作。对此，各国可以通过参与国际组织和多边机制，推动国际标准的制定和实施，促进国际间的政策协调和合作。同时通过建立国际合作平台，加强信息交流和经验分享，推动全球范围内的政策协调与合作。

(三) 政策框架的实施效果与优化

政策框架的实施效果是评估政策有效性的关键，通过对实施效果的分析，可以发现政策实施中的问题，并进行优化。一是实施效果的评估需要结合实际情况，综合分析政策的实施效果和影响。例如评估市场监管政策的实施效果时，需要分析市场竞争情况、消费者权益保护情况等；评估数据保护政策的效果时，需要调查数据泄露事件的发生频率和用户信息的安全状况。通过建立完善的评估体系，进行定期评估和监测，及时了解政策实施的实际效果，并根据评估结果进行调整和优化。二是优化政策框架需要结合实施效果的分析结果，进行有针对性的改进。例如在发现市场监管政策实施效果不佳的情况下，可以对政策进行修订，增加针对性的监管措施；在数据保护政策实施中发现数据泄露事件频发，可以加强数据保护措施，提高数据安全管理水平。政策框架的优化还需要结合技术的发展趋势和市场的变化，进行动态调整，以提高政策的有效性和适应性。三是政策框架的优化还应包括加强政策宣传和培训，提高相关方对政策的理解和遵守。例如通过组织培训和宣传活动，提高企业和公众对数据保护政策的认识和遵守水平；通过发布政策解读和实施指南，帮助企业和相关方了解政策的具体要求和实施细节。政策框架的优化还应包括建立有效的反馈机制，鼓励相关方提出意见和建议，进一步完善政策的设计和实施。

数字经济的政策框架是引导数字经济发展的重要基础，涵盖了市场监管、数据保护、创新支持等多个方面。在政策框架的建立过程中，需要应对技术发展的不确定性、政策适应性的不足、国际合作的复杂性等挑战，通过科学的政策设计和有效的对策来解决。政策框架的实施效果需要通过综合评估和优化来提高，其优化应包括政策调整、加强宣传和培训等措施。通过对政策框架的深入研究和实践，能够为数字经济的健康发展提供有力支持，实现数字经济的可持续发展。

二、数字经济的法律法规

数字经济的快速发展不仅引发了经济模式和市场结构的深刻变革，也对法律法规体系提出了新的挑战。为了保障数字经济的健康发展、维护市场秩序和保护消费者权益，各国纷纷制定和完善相关法律法规。数字经济的法律法规涉及数据保护、网络安全、电子商务、知识产权等多个领域。以下从数字经济法律法规的主要内容、法律法规的实施挑战及其应对措施、以及法律法规的国际协调等方面，详细探讨数字经济的法律法规体系，以期为法律法规的优化和完善提供参考。

（一）数字经济法律法规的主要内容

数字经济的法律法规涵盖了数据保护、网络安全、电子商务、知识产权等多个方面，其主要目的是建立健全的法律体系，以应对数字经济发展带来的各种挑战。一是数据保护法律法规是数字经济法律体系中的核心部分，随着数据的广泛应用，数据保护问题越来越受到关注。数据保护法律法规主要包括数据隐私保护、数据安全管理、数据主体权利等内容。例如《通用数据保护条例》（GDPR）在欧盟范围内实施，为个人数据的处理和保护提供了严格的规范；《中国个人信息保护法》则针对个人信息的收集、使用、存储和处理提出了具体要求。数据保护法律法规的核心目标是确保个人数据的安全和隐私，防止数据泄露和滥用。二是网络安全法律法规旨在保障网络环境的安全性，防止网络攻击、数据泄露和其他网络安全威胁。网络安全法律法规主要包括网络安全管理、信息系统安全、网络犯罪打击等方面。例如《网络安全法》在中国实施，对网络运营者的安全责任、信息保护措施、以及网络安全事件的处理提出了明确要求；《网络安全法》还要求企业建立健全的网络安全管理制度，进行定期的安全检测和风险评估，以维护网络环境的稳定和安全。三是电子商务法律法规涉及电子交易的规范和管理，包括电子合同、在线支付、消费者保护等方面。电子商务法律法规的目的是规范电子交易行为，保护交易双方的合法权益。例如《电子商务法》在中国实施，对电子商务平台的责任、交易流程的规范、消费者权益保护等方面提出了要求；《电子商务法》还规定了电子合同的法律效力、在线支付的安全要求等，以确保电子交易的公正性和安全性。

（二）数字经济法律法规的实施挑战及应对措施

在数字经济法律法规的实施过程中，面临着多种挑战，包括法律法规的适应性不足、执行力度不足、跨境问题等。针对这些挑战，需要采取相应的应对措施，以确保法律法规的有效实施。一是法律法规的适应性不足是实施中的一大挑战，数字经济的发展速度快，法律法规无法及时适应新的技术和业务模式。例如新的数字技术如人工智能和区块链的出现，会对现有的法律法规提出新的要求。

对此，政策制定者需要建立动态的法律调整机制，及时更新和修订法律法规，以适应数字经济的发展变化。同时建立技术预测和咨询机制，提前识别技术发展趋势，进行前瞻性的法律设计，以减少法律滞后的风险。二是执行力度不足也是实施挑战之一，法律法规的执行需要有效的监管和执法，但在一些领域，存在执行力度不足、执法不严格的问题。例如网络安全法律法规的执行面临企业安全防护水平不高、网络攻击防范不力等问题。对此，需要加强监管部门的力量，完善执法机制，进行定期的检查和评估。同时鼓励企业自主开展安全自查和合规审计，增强企业的法律意识和自我保护能力。三是跨境问题的复杂性也是实施中的挑战之一，数字经济具有全球化特点，各国的法律法规存在差异，导致跨境数据流动、跨国交易中的法律冲突问题。例如不同国家对数据保护的要求不同，导致数据跨境流动时的合规难题。对此，需要通过国际合作和协商，推动国际法律标准的制定和实施，促进国际间的法律协调和一致。同时建立国际合作平台，加强各国之间的法律信息交流和经验分享，以解决跨境法律问题。

（三）数字经济法律法规的国际协调

数字经济的全球化特征使得国际协调成为法律法规体系建设的重要方面。各国在数字经济法律法规的制定和实施中，需要进行国际合作和协调，以应对全球范围内的法律挑战。一是推动国际法律标准的制定是国际协调的重要措施。数字经济涉及跨国数据流动、国际电子交易等方面，需要制定统一的国际法律标准，以规范跨境行为。例如国际电信联盟（ITU）和国际标准化组织（ISO）等机构可以在数据保护、网络安全等方面制定国际标准，促进各国之间的法律协调和一致。通过推动国际法律标准的制定，可以提高法律法规的兼容性和适用性，减少跨境法律冲突。二是加强国际合作平台的建设也是国际协调的关键。国际合作平台可以促进各国之间的信息交流和经验分享，推动全球范围内的法律协调与合作。例如国际数据保护和隐私委员会（ICDPPC）等国际组织可以为各国提供数据保护和隐私方面的建议和指导；国际网络安全合作组织（CISO）可以推动网络安全领域的国际合作和信息共享。通过加强国际合作平台的建设，可以增强各国在数字经济法律法规方面的合作能力，解决全球范围内的法律问题。三是进行跨国法律协商与合作是国际协调的重要途径。数字经济涉及多国利益，各国在法律法规的制定和实施中需要进行协商与合作。例如 G20 和 OECD 等国际组织可以在数字经济领域组织多边磋商，推动各国在数据保护、网络安全等方面的法律协调；同时各国可以签署双边或多边协议，解决跨境数据流动、跨国交易中的法律冲突问题。通过进行跨国法律协商与合作，可以促进全球范围内的法律协调和一致，提升数字经济的国际治理水平。

数字经济的法律法规涵盖了数据保护、网络安全、电子商务、知识产权等多个方面，其主要目的是建立健全的法律体系，以应对数字经济发展带来的各种挑战。在法律法规的实施过程中，面临着法律适应性不足、执行力度不足、跨境问题等挑战，需要通过动态调整机制、加强执法力度和推动国际协调等措施来解决。通过对法律法规体系的深入研究和实践，能够为数字经济的健康发展提供法律保障，实现数字经济的可持续发展。

三、数字经济的监管机制

数字经济的迅猛发展带来了前所未有的机遇，但同时也带来了诸多挑战。为了确保数字经济健康、有序地发展，各国纷纷建立并完善相关的监管机制。数字经济的监管机制涵盖了多个方面，包括数据监管、平台监管、市场监管和跨境监管等。这些机制旨在通过科学、有效的监管手段，保障数字经济的安全性、公平性和可持续性，维护市场秩序和保护消费者权益。以下从数字经济监管的基本框架、主要监管机制及其实施挑战、以及未来发展方向等方面，详细探讨数字经济的监管机制，为进一步完善和优化数字经济的监管体系提供参考。

（一）数字经济监管的基本框架

数字经济监管的基本框架包括监管目标、监管主体、监管手段和监管流程四个主要方面。建立科学合理的监管框架，是保障数字经济健康发展的基础。一是监管目标，是指监管机制所要实现的核心目标，通常包括保障数据安全、维护市场公平、促进技术创新和保护消费者权益等。监管目标的设定需要依据数字经济的实际情况和发展需求，确保监管措施能够有效应对数字经济带来的各种挑战。

例如数据保护的监管目标是防止数据泄露和滥用，保障个人隐私安全；市场监管的目标是维护市场竞争秩序，防止垄断和不正当竞争。二是监管主体，是指负责执行和监督数字经济相关法律法规的机构和组织。监管主体可以是政府部门、专业监管机构、行业协会等。各国通常设立专门的监管机构，如数据保护委员会、网络安全管理局等，负责制定和实施具体的监管政策和措施。例如欧盟设立了欧洲数据保护委员会（EDPB），负责监督 GDPR 的实施；中国设立了国家互联网信息办公室（CAC），负责网络信息内容的管理和监督。三是监管手段，是指用于实施监管政策和措施的具体工具和方法。监管手段包括法律法规、行政命令、市场调节、技术手段等。通过多种手段的组合，可以实现对数字经济的全面监管。例如数据保护可以通过制定严格的数据保护法规来实现，如 GDPR；网络安全可以通过技术手段和安全标准来保障，如信息系统的安全评估和检测。四是监管流程，是指从监管政策制定到实施的具体步骤和程序。监管流程包括政策制定、方案实施、效果评估等环节。有效的监管流程可以确保监管措施的科学性和有效性。例如政策制定阶段需要进行充分的调研和咨询，方案实施阶段需要严格执行政策，效果评估阶段需要及时反馈和调整。

（二）主要监管机制及其实施挑战

数字经济的监管机制包括数据监管、平台监管、市场监管和跨境监管等多个方面。每种监管机制都有其特定的实施挑战和应对措施。一是数据监管机制的主要任务是确保数据的安全性和隐私保护，防止数据泄露和滥用。数据监管机制通常包括数据收集、存储、处理和传输的全生命周期监管。例如 GDPR 规定了数据处理者和数据控制者的责任，要求数据处理活动必须合法、透明，并确保数据主体的权利。数据监管机制面临的主要挑战包括技术复杂性、监管覆盖范围和数据跨境流动问题。应对这些挑战需要加强数据保护技术的研发，扩大监管覆盖范围，并推动国际合作，解决跨境数据流动问题。二是平台监管机制的主要任务是维护市场秩序，防止平台垄断和不正当竞争。平台监管机制通常包括对平台运营者的行为规范、平台交易规则的制定、以及对平台信息内容的审查。例如《电子商务法》对电子商务平台的责任进行了详细规定，要求平台运营者对入驻商户的信息和交易活动进行监管。平台监管机制面临的主要挑战包括平台权力的不对称、平台规则的透明度问题、以及平台垄断行为的识别和制止。应对这些挑战需要加强平台规则的透明度和公正性，建立公平竞争的市场环境，并加强对平台垄断行为的监管。三是市场监管机制的主要任务是维护市场公平竞争，防止市场操控和不正当行为。市场监管机制通常包括对市场参与者行为的监管、市场交易规则的制定和执行、以及对市场行为的调查和处罚。例如反垄断法和反不正当竞争法是市场监管的重要法律工具，用于防止市场操控和保护市场竞争。市场监管机制面临的主要挑战包括市场行为的复杂性、监管资源的不足、以及跨国企业的监管难度。应对这些挑战需要加强市场行为的监测和分析，优化监管资源的配置，并推动国际合作，解决跨国企业的监管问题。四是跨境监管机制的主要任务是解决数字经济全球化带来的法律冲突和监管难题。跨境监管机制通常包括国际法律标准的制定、跨国合作和协调、以及跨境数据流动的监管。例如 OECD 和 G20 等国际组织推动了跨境数据流动的规则制定和国际合作。跨境监管机制面临的主要挑战包括不同国家法律法规的差异、国际合作的复杂性、以及跨境数据流动的安全性问题。应对这些挑战需要推动国际法律标准的制定，建立国际合作平台，加强各国之间的信息交流和经验分享。

（三）数字经济监管机制的未来发展方向

数字经济监管机制的发展需要适应数字经济的快速变化和不断升级的挑战。未来数字经济监管机制将朝着更加智能化、全球化和协同化的方向发展。一是智能化的监管机制将利用先进的技术手段，如大数据分析、人工智能和区块链技术，提高监管的精准性和效率。例如通过大数据分析可以实时监测和分析市场行为，及时发现和应对潜在的风险；通过人工智能技术可以自动化处理数据保护和网络安全问题，提高监管的智能化水平。智能化的监管机制可以提高监管的效能，减少人工干预，提高监管的科学性和准确性。二是全球化的监管机制将加强国际间的法律协调和合作，解决全球范围内的监管难题。例如推动国际组织在数据保护、网络安全等方面制定统一的国际标准，加强各国之间的法律协调和合作；通过建立全球监管合作平台，加强信息交流和经验分享，解决跨国企业的监管问题。全球化的监管机制可以提升全球范围内的法律协调水平,促进数字经济的国际治理。三是协同化的监管机制将促进不同监管主体之间的合作与协调,提高监管的整体效能。例如政府部门、行业协会、企业等各方应加强合作,共同制定和实施监管政策;通过建立多方参与的监管机制,推动跨部门和跨行业的协同监管。协同化的监管机制可以增强监管的整体协调性和一致性,提高监管的综合效能。

数字经济的监管机制涵盖了数据监管、平台监管、市场监管和跨境监管等多个方面,旨在保障数字经济的安全、公平和可持续发展。监管机制的基本框架包括监管目标、监管主体、监管手段和监管流程。各类监管机制面临着不同的实施挑战,如数据监管的技术复杂性、平台监管的权力不对称、市场监管的资源不足和跨境监管的法律差异等。未来数字经济监管机制将朝着智能化、全球化和协同化的方向发展,以应对数字经济带来的新挑战和新需求。通过不断优化和完善监管机制,可以为数字经济的健康发展提供有力保障,实现数字经济的可持续发展。

四、数字经济的扶持政策

数字经济的快速发展不仅对全球经济产生了深远影响,也对各国政府提出了新的政策挑战。为了促进数字经济的健康发展,各国纷纷出台了一系列扶持政策。这些政策涵盖了资金支持、税收优惠、人才培养、基础设施建设等多个方面,旨在通过多种手段推动数字经济的创新和发展。以下详细探讨数字经济的扶持政策,包括政策的主要内容、实施效果及其面临的挑战,以期为进一步优化数字经济的扶持政策提供参考。

(一) 资金支持政策

资金支持政策是推动数字经济发展的重要手段之一,通过提供财政资金和投资,鼓励企业和科研机构开展数字经济相关的研究和创新活动。一是政府直接投资和补贴,如设立专项基金和支持计划,用于支持数字技术的研发和应用。例如中国的"数字经济发展专项资金"用于资助关键技术的研究和示范项目;美国的

"国家科学基金会"（NSF）也提供资金支持数字技术的创新研究。政府的资金支持不仅可以降低企业的研发成本，还能激励更多企业参与数字经济的创新和发展。二是提供风险投资和创业支持，鼓励创业者和初创企业进入数字经济领域。例如许多国家设立了创业基金和孵化器，为初创企业提供种子资金和运营支持，如欧洲的"地平线2020"计划和硅谷的创业孵化器。通过这些支持，可以加速创新项目的落地，促进新兴数字企业的发展和壮大。此外政府还可以通过减税政策鼓励企业进行更多的创新投资，从而进一步推动数字经济的发展。三是推动公共—私人合作，形成多方联动的资金支持机制。例如通过与金融机构合作，设立风险投资基金和技术创新基金，促进资本的有效流动和投资的精准对接。这种合作可以实现政府资金的杠杆效应，吸引更多社会资本投入数字经济领域。例如政府可以与银行合作提供低息贷款，与风险投资公司合作开展投资项目。通过这种多方合作，可以有效缓解资金短缺问题，推动数字经济的持续创新和发展。

（二）税收优惠政策

税收优惠政策通过减免税收和提供财政补贴，降低企业的经营成本，激励企业在数字经济领域进行投资和创新。一是实施研发费用加计扣除政策，例如许多国家允许企业将研发费用作为税前扣除项目，从而减少应纳税所得额，降低企业的税负。中国的"研发费用加计扣除"政策就是一个典型的例子，它鼓励企业增加研发投入，促进技术创新。此外税收优惠政策可以直接减少企业的税收支出，提升企业的投资能力。二是对数字经济相关企业提供税收减免或补贴，例如为数字技术企业提供企业所得税减免、增值税退税等优惠措施。这种措施可以降低企业的税收负担，增加企业的利润，从而促进企业的再投资和发展。例如新加坡对数字经济企业提供高达五年的企业所得税免税优惠；印度也推出了针对数字经济初创企业的税收减免政策。这些政策有助于吸引国内外企业投资数字经济，推动行业的快速发展。三是通过税收政策促进数字经济的公平竞争，例如实施针对大型数字平台和跨国企业的税收政策，防止税收规避和不公平竞争。随着数字经济的发展，一些大型平台和跨国企业通过复杂的税收规划手段来减少税收负担，这导致市场的不公平竞争。因此许多国家正在制定新的税收政策和法规，以确保税收的公平性和透明性。例如 OECD 提出了全球税收改革方案，以应对跨国企业的税收问题。通过这些措施，可以维护市场竞争的公平性，促进数字经济的健康发展。

（三）人才培养政策

人才培养政策是支持数字经济发展的重要基础，通过教育培训和职业技能提升，培养更多符合数字经济需求的人才。一是推进数字技能教育，例如在中小学和高校课程中增加数字技术和编程课程，提高学生的数字素养和技术能力。例如欧盟推动了"数字技能战略"，鼓励教育系统加强对数字技能的培养；中国也推出了"人工智能人才培养计划"，支持高校开展人工智能相关课程。通过这些政策，可以为数字经济的发展储备更多的人才，提升整体技术水平。二是支持职业培训和技能提升，例如为在职人员提供数字技术培训课程和职业资格认证，提升其在数字经济中的适应能力。例如许多国家设立了职业培训基金，支持企业为员工提供技术培训和认证，如美国的"职业技能提升计划"。这种培训不仅可以提升员工的技能水平，还能帮助企业提升整体竞争力，推动数字经济的进一步发展。三是推动国际合作与交流，例如鼓励国家间的教育机构和培训机构进行合作，共享培训资源和经验，提升全球数字技能水平。例如国际组织如联合国教科文组织（UNESCO）推动了"数字教育和技能发展"计划实施，促进全球范围内的数字技能培训。通过这些国际合作，可以提升全球人才的技术水平，推动数字经济的国际化发展。

数字经济的扶持政策包括资金支持、税收优惠和人才培养等多个方面，这些政策旨在通过各种手段推动数字经济的创新和发展。资金支持政策通过政府投资、风险投资和公共—私人合作，为数字经济的发展提供了充足的资金保障；税收优惠政策通过减免税收和提供财政补贴，降低了企业的经营成本，激励了企业的投资和创新；人才培养政策通过推进数字技能教育、支持职业培训和推动国际合作，为数字经济的发展提供了丰富的人才支持。未来各国应继续完善和优化扶持政策，结合实际情况制定更具针对性和有效性的措施，以推动数字经济的持续健康发展。

第四节 数字经济的未来发展

一、技术发展的趋势

数字经济的快速发展与技术的不断进步密不可分，技术的发展不仅推动了数字经济的创新，还深刻地改变了各行各业的运营模式和市场格局。展望未来随着技术的不断演进，数字经济将迎来新的发展机遇和挑战。以下探讨数字经济未来技术发展的主要趋势，包括新兴技术的出现和技术应用的深入拓展，分析这些趋势对数字经济的影响，并展望其未来带来的变化。

（一）人工智能和机器学习的深化应用

人工智能（AI）和机器学习（ML）技术的进步正在深刻影响数字经济的各个领域。一是人工智能技术的不断演进。例如自然语言处理（NLP）和计算机视觉技术的成熟，使得企业能够在客户服务、数据分析和决策支持等方面获得更高的效率和精度。例如聊天机器人和虚拟助手能够为用户提供 24/7 的服务，提升客户体验；数据分析工具可以从海量数据中提取有价值的洞察，帮助企业制定更精准的营销策略。通过这些应用，人工智能正在逐步改变企业的运营方式，提高工作效率。二是机器学习技术的广泛应用。例如深度学习和强化学习算法的进步，使得计算机能够处理更复杂的数据任务，并从中学习和优化。例如推荐系统能够根据用户的历史行为提供个性化的内容推荐，自动驾驶技术可以通过不断的学习和训练提高车辆的安全性和驾驶体验。这些技术的发展不仅推动了数字经济的创新，还为行业带来了新的发展机会，例如智能制造、智能金融等领域的应用。通过深化人工智能和机器学习技术的应用，可以进一步提升数字经济的智能化水平，促进行业的变革。

（二）区块链技术的普及与应用

区块链技术作为一种新兴技术，正逐步在数字经济中获得广泛应用，一是区块链技术的去中心化特性和数据不可篡改性，使得它在金融、供应链管理和智能合约等领域具有重要应用价值。例如在金融领域，区块链技术可以用于实现跨境支付和数字货币的安全交易；在供应链管理中，区块链可以提高透明度和可追溯性，确保商品的来源和质量。通过这些应用，区块链技术正在推动数字经济的发展，带来更多的创新和变革。二是区块链技术的智能合约功能使得数字交易和合同的执行更加自动化和高效，智能合约是一种在区块链上自动执行的协议，当特定条件满足时，合约中的条款和交易会被自动执行。例如区块链技术可以用于实现供应链中的自动结算和支付，减少人为干预和误差，提高交易的透明度和效率。这些应用使得区块链技术在数字经济中具有更广泛的应用前景，为未来的发展带来了新的机遇。

数字经济的未来发展将受到技术进步的深刻影响，人工智能和机器学习技术的深化应用将推动企业在数据处理、客户服务和智能决策方面的创新，提高运营效率和市场竞争力；区块链技术的普及与应用则为金融、供应链管理和智能合约等领域带来了新的变革，提高了交易的安全性和透明度。随着这些技术的不断演进和应用，数字经济将迎来更多的创新机会和挑战，推动全球经济的进一步发展。未来各国应积极应对技术发展的趋势，加强技术创新和应用，促进数字经济的持续健康发展。

二、市场发展的趋势

数字经济的迅猛发展正在塑造未来市场的格局，市场发展的趋势不仅涉及技术和产业的变化，还包括消费模式和政策环境的调整。理解这些趋势对于企业制定未来战略和政策制定者推动经济发展具有重要意义。随着数字技术的不断进步和应用场景的不断扩展，市场发展的趋势将对各行各业产生深远影响。以下探讨数字经济市场发展的主要趋势及其影响。

（一）数字化转型加速

数字化转型是推动市场发展的核心趋势，企业和组织正在通过数字技术重塑业务模式和运营方式，从而提高效率和竞争力。一是数字化转型促进了业务流程的优化和效率提升，企业通过引入大数据、人工智能和云计算等技术，能够对业务流程进行全面优化，实现自动化和智能化，提升运营效率。例如制造业企业通过智能制造技术，优化生产流程，减少生产成本，提高生产效率，从而增强市场竞争力。二是数字化转型带来了新的商业模式和市场机会，企业通过数字技术创新，能够开发出新的产品和服务，满足市场的多样化需求。例如金融行业通过数字化转型，推出了在线支付、区块链和金融科技等新兴服务，改变了传统金融业务的运作方式，拓展了市场机会和业务领域。数字化转型不仅是企业提升竞争力的关键，也是在未来市场中占据有利位置的必要条件。通过持续推进数字化转型，企业能够适应市场变化，抓住新的商机，实现可持续发展。

（二）个性化和定制化服务的兴起

个性化和定制化服务正成为市场发展的重要趋势，消费者对个性化需求的增加推动了服务和产品的定制化发展。一是个性化服务能够提升用户体验和满意度，企业通过分析用户数据，了解用户的需求和偏好，从而提供个性化的产品和服务，满足用户的特定需求。例如电商平台通过大数据分析，向用户推荐个性化的商品，提升用户的购物体验和满意度，增强用户的忠诚度和黏性。二是定制化服务可以创造新的市场机会和增长点，企业通过提供定制化产品，能够满足用户对独特性和个性化的需求，从而开拓新的市场领域。例如时尚行业通过提供定制化的服装和配饰，满足消费者对个性化设计的需求，创造了新的商业机会和收入来源。个性化和定制化服务的兴起不仅满足了消费者对个性化的需求，也推动了市场的细分和创新。企业需要不断创新和优化服务，以适应不断变化的市场需求，提升市场竞争力和盈利能力。

数字经济市场的发展趋势主要包括数字化转型加速和个性化与定制化服务的兴起。数字化转型促进了业务流程的优化和效率提升，推动了新的商业模式和市场机会的出现，成为企业在未来市场中保持竞争力的关键因素。同时个性化和定制化服务的兴起满足了消费者对个性化需求的增加，创造了新的市场机会和增长点。理解和把握这些市场发展趋势，对于企业制定未来战略和政策制定者推动经济发展具有重要意义。随着技术的不断进步和市场环境的不断变化，企业和政策制定者需要不断适应和调整，以抓住新的商机，实现可持续发展。

三、政策发展的趋势

随着数字经济的快速发展，政策制定者面临着新的挑战和机遇，政策的变化将深刻影响数字经济的未来发展。政策的发展趋势不仅涉及监管框架和支持措施的调整，还包括国际合作和创新驱动政策的推进。理解这些政策发展的趋势对于企业适应政策环境变化和政策制定者推动经济发展的战略调整具有重要意义。以下探讨数字经济中政策发展的主要趋势及其对市场的潜在影响。

（一）加强数据保护和隐私法规

随着数据成为数字经济的核心资产，数据保护和隐私法规的加强正成为政策发展的重要趋势，旨在保护用户的个人信息和数据安全。一是数据保护法规的加强有助于提升用户的信任和数据安全感，政策通过制定严格的数据保护标准和隐私要求，能够确保企业在数据收集和使用过程中遵循合规要求，保护用户的个人信息。例如欧洲的《通用数据保护条例》（GDPR）规定了严格的数据保护要求，企业必须采取必要措施保障用户数据的安全和隐私，从而提高用户对数字服务的信任度。二是隐私法规的加强促进了全球数据治理和国际合作，政策制定者通过跨国合作和统一标准，推动全球范围内的数据保护和隐私管理。例如国际上越来越多的国家和地区开始采纳类似于GDPR的数据保护框架，推动了全球数据保护标准的统一，减少了跨境数据流动中的隐私风险和合规障碍。数据保护和隐私法规的加强不仅提升了用户的数据安全感，也为数字经济的可持续发展提供了保障。政策制定者需要在推动数据保护的同时平衡数据利用和隐私保护之间的关系，确保数据的安全性和有效性。

（二）推动创新驱动的政策支持

创新驱动的政策支持正成为数字经济政策发展的关键趋势，政策通过激励创新和技术研发，推动经济的转型升级和高质量发展。一是创新驱动政策能够促进技术进步和产业升级，政策制定者通过提供研发资金、税收优惠和创新奖励等措施，鼓励企业和科研机构进行技术创新和新产品研发。例如许多国家和地区设立了创新基金和科研项目，支持高新技术企业和科研机构的技术研发，推动科技成果的转化应用，提升产业的竞争力和发展水平。二是政策支持还可以推动新兴产业的发展和市场拓展，政策制定者通过制定有利的产业政策和市场准入条件，支持新兴产业和市场的快速成长。例如政府通过设立创新孵化器和科技园区，提供创业支持和市场推广服务，帮助新兴企业迅速进入市场，推动新兴产业的发展和市场份额的扩大。创新驱动的政策支持不仅有助于推动技术进步和产业升级，还能够促进经济的长期可持续发展。政策制定者需要不断优化创新环境，支持企业和科研机构的创新活动，促进科技成果的应用和产业化，推动数字经济的发展和经济结构的调整。

数字经济中政策发展的趋势主要包括加强数据保护和隐私法规以及推动创新驱动的政策支持。数据保护法规的加强提升了用户的信任和数据安全感，通过制定严格的数据保护标准和隐私要求，确保了企业的合规性。同时隐私法规的加强也促进了全球数据治理和国际合作，推动了全球数据保护标准的统一。创新驱动的政策支持通过激励技术创新和产业升级，推动了经济的转型和高质量发展。政策制定者需要在推动数据保护和隐私法规的同时优化创新环境，支持科技创新和新兴产业的发展，以适应不断变化的数字经济环境，实现可持续发展。

四、管理发展的趋势

在数字经济的快速发展背景下，管理方式和管理策略也在不断演变，以适应新的市场环境和技术变革。管理发展的趋势涉及数字化管理工具的应用、数据驱动的决策支持系统的普及，以及组织结构和管理模式的创新。掌握这些管理发展的趋势对于企业在数字经济时代实现高效运营和持续增长具有重要意义。以下探讨数字经济中管理发展的主要趋势及其对企业和组织的潜在影响。

（一）数字化管理工具的广泛应用

数字化管理工具的应用正成为管理发展的重要趋势，企业通过引入先进的数字工具和系统来提升管理效率和决策能力。一是数字化管理工具可以显著提高管理效率和工作协同，企业通过采用项目管理软件、在线协作平台和自动化工具，实现了工作流程的优化和信息的高效传递。例如使用项目管理工具如 Asana 或 Trello，团队成员可以实时更新任务进展，促进团队协作，减少沟通成本，提高工作效率。二是数据分析和可视化工具的使用有助于支持数据驱动的决策，企业通过集成大数据分析平台和可视化工具，能够从海量数据中提取有价值的信息，做出更加精准的决策。例如使用数据分析平台如 Tableau 或 Power BI，企业能够实时监控业务指标，识别趋势和异常，优化业务策略和运营决策。数字化管理工具的广泛应用不仅提高了管理效率，还促进了企业的数字化转型。企业需要不断更新和优化数字化管理工具，以适应业务需求的变化和技术进步。

（二）数据驱动的决策支持系统

数据驱动的决策支持系统正在成为管理发展的核心趋势，企业通过利用数据分析和人工智能技术，提升决策的科学性和准确性。一是数据驱动的决策支持系统可以帮助企业进行更加精准的市场预测和趋势分析，政策制定者和企业管理者通过分析市场数据和用户行为数据，能够预测市场变化，调整战略和业务方向。例如通过使用预测分析工具，企业可以预估未来的市场需求，优化库存管理和生产计划，提高运营效率和市场响应速度。二是人工智能技术的应用进一步增强了决策支持系统的智能化和自动化，企业通过引入机器学习和智能算法，实现了数据的自动分析和决策建议。例如使用机器学习模型对客户数据进行分析，可以自动识别客户偏好，提供个性化的推荐和服务，提升客户满意度和忠诚度。数据驱动的决策支持系统不仅提高了决策的科学性和准确性，还推动了企业的智能化管理。企业需要不断提升数据分析能力，优化决策支持系统，以应对复杂的市场环境和业务挑战。

数字经济中的管理发展趋势主要包括数字化管理工具的广泛应用和数据驱动的决策支持系统的普及。数字化管理工具通过提高管理效率和工作协同，推动了企业的数字化转型，同时数据分析和可视化工具的应用支持了更加精准的决策。数据驱动的决策支持系统通过提供市场预测和趋势分析，提升了决策的科学性和准确性，人工智能技术的应用进一步增强了系统的智能化和自动化。这些管理发展的趋势不仅优化了企业的运营和决策能力,还推动了企业在数字经济时代的持续发展。企业和组织需要不断适应和更新管理策略,以应对不断变化的市场需求和技术环境,实现高效运营和持续增长。

第六章 数字经济中的伦理与社会责任

第一节 数字经济的伦理问题

一、隐私保护

在数字经济时代，隐私保护已成为一个重要的伦理问题，随着个人数据的广泛收集和利用，如何保护用户的隐私权利成为社会关注的焦点。隐私保护涉及个人信息的收集、存储、使用以及分享等多个方面，必须平衡数据利用与隐私权利之间的关系。有效的隐私保护不仅是法律法规的要求，更是提升用户信任和维护社会公正的必要措施。以下探讨隐私保护中的主要伦理问题及其应对策略。

（一）个人信息的收集与使用

在数字经济中，个人信息的收集和使用已成为企业运营的重要组成部分，这带来了隐私保护的挑战。一是个人信息的收集范围和方式需要严格控制，企业在收集用户数据时应明确告知用户数据收集的目的和使用范围，避免超范围的数据收集。例如用户在注册一个在线服务时，企业应提供详细的隐私政策，说明数据收集的类型、用途以及用户的选择权，确保用户在知情的情况下同意数据收集。二是数据使用的透明性至关重要，企业应确保用户能够清晰了解其数据如何被使用，并提供数据访问和删除的选项。例如企业可以设立用户数据管理平台，允许用户查看、修改或删除自己的个人数据，增强数据处理的透明度和用户的控制权。个人信息的收集与使用需要在合法合规的框架下进行，以保护用户的隐私权利和数据安全。

（二）数据共享与第三方合作

数据共享与第三方合作是隐私保护中的另一大问题，企业在与第三方共享数据时需要确保数据安全和用户隐私的保护。一是数据共享时需要签署严格的合同,明确数据共享的条款和责任,确保第三方在数据处理过程中遵循相应的隐私保护标准。例如企业与第三方合作时,应签订数据保护协议,规定数据处理的具体要求和第三方的保密义务,避免数据在共享过程中的泄露和滥用。二是对第三方的数据处理行为进行监督,企业应定期审查第三方的数据处理实践,确保其遵守隐私保护的规范和要求。例如企业可以进行第三方审计,检查数据处理流程和安全措施,及时发现并纠正潜在的隐私保护问题,保障用户数据的安全性。数据共享与第三方合作需要严格控制和监管,以维护用户的隐私权益和数据安全。

(三) 隐私保护技术的发展与应用

隐私保护技术的不断发展为解决隐私问题提供了新的解决方案,这些技术在保护用户数据方面发挥着重要作用。一是隐私保护技术如数据加密和匿名化处理能够有效保护用户数据的安全,数据加密技术通过将数据转换为不可读的形式,保护数据在传输和存储过程中的安全。例如使用高级加密标准(AES)对用户数据进行加密,确保即使数据被泄露,也无法被未经授权的人员读取。二是匿名化技术通过消除数据中的个人标识信息,减少数据泄露对用户隐私的影响。例如通过数据脱敏技术去除用户的个人身份信息,使数据在分析和共享过程中无法追溯到具体的个人,降低隐私泄露的风险。隐私保护技术的应用为解决隐私问题提供了技术支持,企业应积极采用和更新隐私保护技术,提升数据安全性和隐私保护水平。

数字经济中的隐私保护涉及个人信息的收集与使用、数据共享与第三方合作,以及隐私保护技术的发展与应用等方面。个人信息的收集和使用需要严格控制,确保数据收集的合法性和透明性,用户应有权管理和删除个人数据。数据共享与第三方合作需要签署合同并进行监督,保障数据处理过程中的隐私保护。隐私保护技术如数据加密和匿名化处理提供了有效的技术支持,提升了数据的安全性和隐私保护水平。通过综合运用这些措施,企业能够更好地保护用户隐私,维护社会的公正与信任,实现数字经济的健康发展。

二、数据安全

在数字经济时代,数据安全已成为伦理问题的核心议题之一。随着个人和企业信息数字化程度的增加,如何确保数据的安全性和隐私性成为必须面对的重大挑战。不仅关乎个人隐私权的保护,还涉及企业信誉和国家安全的问题。以下深入探讨数据安全的伦理挑战,分析其对社会和经济的深远影响,并提出相应的解决策略。

(一)数据安全的伦理意义

数据安全不仅是技术问题,更是一个重要的伦理问题,它关乎个人隐私、企业诚信与社会正义。一是数据安全问题直接关乎个人隐私的保护,隐私是基本人权之一,在数字经济中尤其重要。例如消费者在网上购物时留下的个人信息、网上银行交易记录等都包含大量私人数据,如果这些数据被非法获取或滥用,将严重侵犯个人隐私权。二是数据安全是企业伦理责任的一部分,企业应当保护客户的数据安全,这是对客户的基本尊重和负责。例如企业在收集、存储和处理用户数据时,必须采取适当的安全措施,防止数据泄露和被滥用,这不仅是法律要求,也是企业道德的体现。三是数据安全关乎社会公平和正义,信息技术的普及应当使所有人受益,而不是成为剥削和不平等的工具。例如个人数据的不当使用导致不公平的商业行为,如基于数据分析的价格歧视等,这些行为损害了市场的公平性和消费者权益。

(二)数据安全的技术挑战

保护数据安全在技术上面临多种挑战,这些挑战需要企业和社会共同努力解决。一是数据泄露的技术原因,数据在传输、存储或处理过程中由于软件漏洞、系统安全缺陷等技术问题导致泄露。例如黑客利用软件漏洞侵入系统,窃取大量用户数据,这类事件在全球范围内屡见不鲜。二是数据保护的技术复杂性,随着数据量的增加和计算技术的进步,保护数据安全的技术越来越复杂。例如云计算环境中的数据保护需要考虑数据的多租户特性、动态分配资源等因素,传统的数据安全措施难以适应。三是数据安全技术的更新迭代速度，技术进步的同时攻击手段也在不断进化，这要求数据保护技术必须持续更新和升级。例如量子计算的发展会对现有加密技术构成威胁，因此研发更安全的加密方法是迫切需要解决的问题。

（三）数据安全的管理挑战

数据安全的管理同样面临着一系列挑战，这些挑战要求政府、企业和社会三方面的共同努力。一是数据安全法规的制定和执行，有效的法规是保护数据安全的基础。例如欧洲通用数据保护条例（GDPR）对数据保护提出了严格要求，强化了数据主体的权利，规定了企业的责任和义务。二是数据安全意识的提升，数据安全的保护不仅需要技术支持，更需要人们的意识和行动。例如普及数据安全知识，提高公众对个人数据保护重要性的认识，可以减少因个人疏忽造成的数据安全问题。三是国际合作的加强，数据安全是全球性问题，需要国际社会共同努力解决。例如跨国数据流动的管理、网络犯罪的打击等问题，都需要国际合作才能有效应对。

数据安全是数字经济中的重要伦理问题，它涉及个人隐私、企业责任和社会正义等多个方面。面对数据安全的技术挑战和管理挑战，需要企业、政府和社会三方面的共同努力。通过制定和执行严格的数据保护法规，提升数据安全技术和意识，加强国际合作，可以有效地保护数据安全，促进数字经济的健康发展。数据安全问题的解决不仅有助于构建公平正义的数字经济环境，也是推动社会整体进步的重要因素。

三、信息透明度

信息透明度是数字经济伦理问题的核心之一，它关乎消费者权益、市场公平以及企业信誉。在数字经济中，由于交易活动、数据流通和信息共享的无形性和复杂性，提高信息透明度显得尤为重要。有效的信息透明度不仅可以增强消费者的信任，还能提高市场效率和公平性，促进健康竞争。以下探讨信息透明度在数字经济中的应用及其带来的挑战和机遇。

（一）增强消费者信任

信息透明度直接影响消费者的信任感，消费者在明确了解产品和服务的情况下，更容易做出购买决定，并对品牌持正面态度。一是企业应当公开产品的所有相关信息，包括价格、产品来源、成分或构成及使用条件等。例如电商平台需要明确显示商品的详细描述、价格构成以及任何影响消费者决策的附加费用。二是服务透明度也同样重要，尤其是在金融服务、在线教育或数字媒体领域，服务条款、费用结构和用户数据的使用方式应当明确告知用户。例如金融科技公司提供的投资产品，需要详细解释投资的风险、回报机制以及任何费用。通过提高产品和服务的信息透明度，企业不仅可以增强消费者信任，还能够减少后续的纠纷和法律风险，建立长期的客户关系。

（二）促进市场效率和公平

信息透明度在保障市场效率和公平方面发挥着重要作用，透明的信息有助于消费者做出理性选择，推动企业之间的公平竞争。一是透明的市场信息有助于消费者比较不同产品和服务，从而做出更加符合个人需求的选择。例如价格比较网站通过收集各大电商平台的价格信息，帮助消费者找到性价比最高的产品。二是在供应链管理方面，信息透明可以提高整个供应链的效率和响应速度。例如透明的库存和物流信息能够帮助企业更有效地管理库存，减少供应链中断的风险，同时也为消费者提供预期的送达时间。通过促进市场信息的透明化，可以提升市场的整体效率和公平性，从而降低交易成本，提高消费者福利。

（三）加强企业社会责任

信息透明度还关乎企业履行社会责任的能力，透明的操作和报告机制能够帮助企业赢得公众和投资者的信任。一是企业应通过透明的环境、社会和治理（ESG）报告，展示其在可持续发展和社会责任方面的努力。例如公开的碳排放报告和可持续发展目标能够让外界评估企业在环保方面的表现。二是在处理用户数据和隐私方面，企业应通过透明的政策和实践赢得用户信任。例如公开的数据处理政策和隐私保护措施能够让用户了解自己的数据如何被收集、使用和保护。通过加强企业的信息透明度，不仅能提升企业的品牌形象和市场竞争力，还能促进企业长期的可持续发展。

信息透明度是数字经济中不可或缺的伦理要素，它直接关乎消费者信任、市场效率和企业责任。在数字化快速发展的今天，企业应更加重视信息的透明化，不仅在产品和服务的提供中，更在企业的整体运营和社会交互中实践信息透明原则。通过不断提高信息透明度，企业可以建立更为稳固的消费者信任，促进公平竞争，同时履行社会责任，为社会带来更大的价值。

四、技术滥用

在数字经济的快速发展过程中，技术的广泛应用带来了诸多便利和创新，同时也引发了技术滥用的伦理问题。技术滥用不仅涉及隐私泄露、数据滥用，还包括对社会公平和道德规范的挑战。技术滥用问题的解决需要技术开发者、企业和政策制定者共同努力，确保技术应用符合伦理道德标准，促进社会的健康发展。以下深入探讨技术滥用的不同方面及其影响，提出相应的对策和建议。

（一）隐私和数据的滥用

随着大数据和人工智能技术的发展，隐私和数据滥用问题变得日益严重，这不仅威胁到个人隐私权，还导致严重的社会问题。一是企业和组织在收集和使用个人数据时，往往存在不透明和超范围使用的问题，导致用户隐私权受到侵害。例如一些社交媒体平台未经用户同意，收集并分享用户的个人数据，甚至将这些数据用于广告定位和商业分析，侵害了用户的隐私权。二是数据滥用不仅限于商业领域，还被用于政治目的和社会控制，这对社会的公平和自由构成威胁。例如一些政权和组织利用数据分析技术监控公民行为，通过大数据和人工智能技术进行社会控制，侵害了公民的基本权利和自由。三是隐私和数据滥用的问题还引发广泛的社会不信任，影响社会的稳定和和谐。企业和政府机构必须采取措施，建立透明的数据使用政策，加强数据保护技术，确保个人隐私得到充分保护。

(二) 算法歧视和偏见

人工智能和算法技术在各个领域的广泛应用，也带来了算法歧视和偏见的问题，这对社会公平和正义构成了严重挑战。一是算法在设计和训练过程中，会因为数据来源和算法设计者的偏见，导致算法在应用中的歧视和不公平。例如一些面向招聘的人工智能系统，会因为训练数据中存在的性别、种族等偏见，导致在实际招聘过程中对某些群体的歧视和不公正。二是算法歧视和偏见不仅影响个人的机会和待遇，还加剧社会的不平等和分化。例如银行和金融机构在使用信用评分算法时，如果算法存在偏见，会导致某些群体难以获得贷款和金融服务，加剧社会的不平等。三是解决算法歧视和偏见问题，需要技术开发者和企业在算法设计和应用过程中，保持高度的伦理责任和社会责任，确保算法的公平性和透明性。通过加强对算法的监控和评估，确保算法决策的公正性，减少歧视和偏见的发生。

(三) 技术对社会伦理的挑战

技术滥用不仅在隐私和数据、算法偏见方面引发问题，还对社会伦理和道德规范构成了广泛的挑战。一是技术的发展和应用，会引发对传统伦理和道德规范的冲击，导致伦理和道德困境。例如基因编辑技术和人类增强技术的发展，虽然在医学和健康领域具有巨大的潜力，但也引发了对人类尊严和伦理的深刻挑战，导致伦理和道德的困境。二是技术滥用还导致社会责任的缺失和道德风险，企业和技术开发者在追求技术创新和商业利益的过程中，忽视社会责任和伦理规范。例如一些科技公司在开发和应用新技术时，会为了商业利益而忽视潜在的社会影响和伦理风险，导致技术滥用和道德风险的发生。三是应对技术对社会伦理的挑战，需要建立健全的伦理规范和政策框架，加强对技术应用的伦理评估和监督，确保技术发展和应用符合伦理道德标准。通过建立技术伦理委员会和制定相关政策，促进技术与伦理的协调发展，确保技术应用的正当性和社会责任。

技术滥用是数字经济中一个重要的伦理问题，它涉及隐私和数据的滥用、算法歧视和偏见以及技术对社会伦理的挑战等多个方面。应对技术滥用问题，需要技术开发者、企业和政策制定者共同努力，建立透明的数据使用政策，加强数据保护技术，确保算法的公平性和透明性，并建立健全的伦理规范和政策框架。通过综合运用这些措施，可以有效地应对技术滥用问题，促进技术与伦理的协调发展，确保数字经济的健康发展。

第二节 数字经济的社会责任

一、企业的社会责任

在数字经济的迅速发展中，企业的社会责任（Corporate Social Responsibility，CSR）变得尤为重要。企业不仅需要追求经济利益，还需承担社会责任，以实现经济效益、社会效益和环境效益的统一。企业的社会责任不仅是企业长期发展的重要基础，也是提升企业形象和社会信誉的关键。以下探讨数字经济环境下企业社会责任的具体内涵和实施策略，分析其对企业和社会的深远影响。

（一）环境保护与可持续发展

在数字经济时代，环境保护与可持续发展是企业社会责任的核心内容，企业需要在发展过程中考虑环境影响，积极采取措施减少环境污染和资源消耗。一是企业应积极推行绿色生产和节能减排，通过技术创新和管理优化，提高资源利用效率，减少废物排放。例如许多科技公司通过使用可再生能源和建立循环经济体系，减少对环境的负面影响，推动可持续发展[1]。二是企业应重视产品生命周期管理，从设计、生产、使用到废弃处理的各个环节，采取环保措施，减少环境污染。例如电子产品制造商可以通过设计更加环保的产品，使用可回收材料，并建立回收处理体系，降低对环境的危害。三是企业应积极参与环境保护公益活动和项目，通过资金支持和技术援助，推动社会整体的环境保护事业。例如一些互联

---

[1] Johnson, P., & Evans, H. The characteristics and dynamics of digital goods markets [J]. Journal of Market Research, 2020, 29 (9): 176-198.

网公司通过资助环保组织、参与环保项目,提升公众环保意识,推动社会的可持续发展。

(二)社会公平与员工福利

在数字经济环境下,社会公平与员工福利是企业社会责任的重要组成部分,企业需要在创造经济价值的同时保障员工权益,促进社会公平。一是企业应确保员工的基本劳动权益,包括合理的工资待遇、安全的工作环境、充分的职业培训和发展的机会。例如一些科技公司通过提供有竞争力的薪酬和福利,建立员工培训和职业发展体系,提升员工的工作满意度和忠诚度。二是企业应关注工作与生活的平衡,提供灵活的工作安排和家庭支持政策,帮助员工在工作和生活之间找到平衡。例如互联网公司通过提供远程办公选项、弹性工作时间和家庭支持项目,帮助员工更好地平衡工作和家庭责任。三是企业应积极推动多样性和包容性,尊重不同背景和文化的员工,提供平等的就业机会和公平的晋升机制。例如企业可以通过制定多样性和包容性政策,开展相关培训和活动,营造包容的工作环境,促进社会的公平和正义。

(三)社区参与与社会贡献

社区参与和社会贡献是企业社会责任的重要体现,企业需要通过各种方式积极回馈社会,促进社区的繁荣和发展。一是企业应积极参与社区建设和发展项目,通过资金支持、技术援助和志愿服务,提升社区的经济和社会发展水平。例如一些科技公司通过捐资助学、支持社区基础设施建设,提升社区居民的生活质量和幸福感[①]。二是企业应重视教育和技能培训,帮助社区居民提升职业技能和就业能力,促进社区的可持续发展。例如企业可以通过与教育机构合作,提供职业培训和技能提升项目,帮助社区居民掌握新技术和新技能,提升就业机会和收入水平。三是企业应积极参与社会公益活动,关注弱势群体和社会问题,通过捐赠、志愿服务和社会倡导,推动社会的和谐与进步。例如企业可以通过设立慈善

---

① Davis, A., & Martinez, R. Digital labor rights and protections [J]. International Review of Employment, 2021, 40 (6): 141-163.

基金，资助社会公益项目，参与志愿服务活动，帮助贫困群体和特殊需要人群，提升社会的整体福利水平。

在数字经济时代，企业社会责任涵盖环境保护与可持续发展、社会公平与员工福利、社区参与与社会贡献等多个方面。企业需要在追求经济效益的同时积极履行社会责任，通过推行绿色生产、保障员工权益、参与社区建设和社会公益活动，提升社会整体的福祉。通过积极履行社会责任，企业不仅可以提升自身的品牌形象和社会信誉，还能够促进社会的可持续发展，推动经济、社会和环境的协调发展。

二、平台的社会责任

在数字经济中，平台企业作为连接供需双方的重要中介，扮演着越来越重要的角色。随着平台经济的迅速发展，平台企业的社会责任也变得尤为重要。平台不仅要追求经济效益，还需要承担相应的社会责任，确保平台上的交易公平、透明，保障用户的权益，促进社会的可持续发展。以下深入探讨平台企业在数字经济中的社会责任，从平台治理、用户权益保护和社会影响三个方面进行详细阐述。

（一）平台治理与公平竞争

平台治理是平台企业履行社会责任的核心内容之一，公平竞争是确保市场健康发展的重要基础。一是平台企业应建立透明、公正的治理机制，确保平台上的规则和算法公开透明，避免出现暗箱操作和不公平竞争。例如，一些电商平台通过公开商品排名算法，确保商家和消费者可以清楚了解排名的依据，避免因算法不透明导致的不公平现象[1]。二是平台企业应采取措施防止垄断行为，促进市场的公平竞争。平台应避免利用其市场支配地位排挤竞争对手，保护中小企业的生存和发展空间。例如一些互联网巨头通过开放平台接口，允许第三方开发者接入平台，促进技术和服务的多样化，增强市场竞争活力。三是平台企业应积极参与

---

[1] Anderson, M., & Cooper, L. The evolution of digital capital accumulation [J]. Journal of Financial Economics, 2019, 42 (8): 89-111.

行业自律和监管，推动平台经济的规范发展。平台可以通过加入行业协会，参与制定行业标准和规范，提升行业整体水平，确保市场的公平和健康发展。

（二）用户权益保护

保护用户权益是平台企业的重要社会责任，用户包括消费者和服务提供者，他们的权益必须得到有效保障。一是平台企业应确保用户数据的安全和隐私，采取严格的数据保护措施，防止数据泄露和滥用。例如一些社交媒体平台通过使用先进的加密技术，保护用户的个人信息不被未经授权的第三方访问和使用。二是平台企业应建立完善的投诉和纠纷处理机制，及时解决用户的投诉和纠纷，保障用户的合法权益。例如电商平台通过设立专门的客服团队，及时处理消费者的投诉和退款请求，确保交易的公平和透明。三是平台企业应重视用户体验，不断优化平台服务，提升用户满意度。例如一些在线教育平台通过持续改进课程内容和教学质量，提升学生的学习体验，满足用户的多样化需求。

（三）平台的社会影响与责任

平台企业的社会影响力巨大，必须承担相应的社会责任，积极回馈社会，推动社会进步。一是平台企业应通过技术创新和商业模式的变革，推动社会的可持续发展。例如，一些共享经济平台通过推广绿色出行和资源共享，减少环境污染和资源浪费，促进可持续发展。二是平台企业应积极参与社会公益事业，履行企业的社会责任。例如一些电商平台通过设立公益基金，支持贫困地区的教育和医疗事业，帮助改善社会弱势群体的生活条件。三是平台企业应注重企业文化建设，倡导诚信经营和社会责任感。例如一些科技公司通过制定企业社会责任报告，公开其在环境保护、员工福利和社会贡献方面的努力，树立良好的企业形象，增强社会信任。

平台企业在数字经济中承担着重要的社会责任，从平台治理、公平竞争、用户权益保护到社会影响，各个方面都需要平台企业的积极参与和履行责任。通过建立透明、公正的治理机制，保障用户数据的安全和隐私，积极参与社会公益事业，平台企业不仅可以提升自身的品牌形象和市场竞争力，还能促进社会的可持续发展。随着数字经济的不断发展，平台企业的社会责任将面临更多的挑战和机遇，企业需要持续关注和调整其社会责任策略，以实现长期的可持续发展和社会进步。

三、劳动者的社会责任

在数字经济快速发展的背景下，劳动者的角色和责任也发生了深刻的变化。除了企业和平台需要承担社会责任外，劳动者作为数字经济的主体之一，也需要履行相应的社会责任。劳动者的社会责任不仅体现在工作和职业道德中，还涉及对社会、环境和自身职业发展的关注和投入。通过积极履行社会责任，劳动者可以促进企业的可持续发展，提升自身职业素养，并为社会的进步和繁荣做出贡献。以下深入探讨劳动者在数字经济中的社会责任，从职业道德、社会参与和环境保护三个方面进行详细阐述。

（一）职业道德与专业素养

职业道德和专业素养是劳动者履行社会责任的基础，良好的职业道德和专业素养不仅有助于提升工作效率和质量，还能树立良好的职业形象。一是劳动者应遵守职业道德规范，保持诚信、敬业、负责的工作态度。例如在软件开发领域，程序员应当遵循代码规范，确保软件的质量和安全，避免因为个人疏忽导致的系统漏洞和安全风险[1]。二是劳动者应不断提升专业素养，学习新知识、新技能，保持与时俱进的工作能力。例如数据分析师需要不断学习新的数据分析工具和方法，提升数据处理和分析的能力，以适应不断变化的市场需求和技术进步。三是劳动者应积极参与职业培训和继续教育，不断完善自己的职业能力和素质。例如企业可以提供培训机会和资源，鼓励员工参加行业认证和专业发展课程，提升员工的职业素养和竞争力。

---

[1] Harris, B., & Scott, J. The implications of digital labor on employment contracts [J]. Journal of Labor Relations, 2020, 39 (5): 223-245.

(二) 社会参与与公益活动

劳动者的社会责任不仅限于工作岗位,还应积极参与社会公益活动,为社会发展和公益事业贡献自己的力量。一是劳动者应积极参与社区服务和志愿活动,帮助弱势群体和需要帮助的人。例如一些企业组织员工参与社区服务项目,如老年人护理、孤儿院支援等,通过实际行动回馈社会,提升员工的社会责任感。二是劳动者应关注社会问题,积极参与社会讨论和政策建议,为社会进步和公平正义贡献智慧和力量[①]。例如科技行业的从业人员可以利用自己的专业知识,参与政府和社会组织的科技政策制定和评估,推动科技创新和社会进步。三是劳动者应支持和参与企业的社会责任项目,与企业共同推进社会公益事业。例如员工可以通过参与企业的公益活动,如环保项目、教育捐助等,提升社会公益项目的影响力和效果,为社会贡献更多的正能量。

(三) 环境保护与可持续发展

在数字经济中,劳动者也应积极履行环境保护和可持续发展的责任,通过实际行动推动环境保护和资源节约。一是劳动者应在工作中倡导和实践绿色办公,减少资源浪费和环境污染。例如办公人员可以通过减少纸张使用、节约用电、推行无纸化办公等方式,降低对环境的负面影响。二是劳动者应关注企业的环境保护政策,积极参与企业的环保项目和活动。例如员工可以参与企业组织的环保培训和活动,如植树造林、环保宣传等,提升环保意识和实践能力。三是劳动者应在日常生活中践行环保理念,推动可持续生活方式。例如员工可以通过绿色出行、垃圾分类、减少塑料使用等方式,降低日常生活对环境的影响,推动可持续发展。

在数字经济中,劳动者的社会责任涵盖职业道德与专业素养、社会参与与公益活动、环境保护与可持续发展等多个方面。劳动者通过遵守职业道德、提升专业素养、积极参与社会公益活动、践行环保理念,不仅可以提升自身的职业能力

---

① Taylor, G., & White, E. The role of digital goods in modern economic systems [J]. Digital Economy Review, 2021, 47 (11): 301-323.

和社会责任感，还能为企业和社会的可持续发展做出贡献。随着数字经济的不断发展，劳动者的社会责任将面临更多的挑战和机遇，劳动者需要持续关注和履行其社会责任，在实现个人职业发展的同时为社会的进步和繁荣贡献力量。通过共同努力，劳动者、企业和社会可以携手共建一个更加和谐、可持续发展的数字经济社会。

四、消费者的社会责任

在数字经济时代，消费者不仅是产品和服务的购买者，也是推动社会责任的重要力量。消费者的选择和行为可以影响市场的走向，推动企业履行社会责任。通过负责任的消费行为，消费者可以促进社会的可持续发展和公平正义。理解并履行消费者的社会责任，对于构建一个更加和谐和可持续发展的社会具有重要意义。以下探讨消费者在数字经济中的社会责任，从负责任的消费行为、支持社会公益和环境保护三个方面进行详细阐述。

（一）负责任的消费行为

消费者的购买选择直接影响市场和企业行为，负责任的消费行为可以推动企业履行社会责任，促进市场的公平和可持续发展。一是消费者应选择符合社会责任和道德标准的产品和服务，优先考虑那些在环境保护、社会公平和员工福利方面表现良好的企业。例如在购买商品时，消费者可以优先选择那些获得环保认证和社会责任奖项的品牌，支持那些致力于可持续发展的企业。二是消费者应避免支持那些存在不良商业行为的企业和产品，通过拒绝购买不符合道德标准的产品，向市场传递明确的社会责任信号。例如对于那些存在环境污染、剥削劳工或其他不道德行为的企业，消费者应通过不购买其产品来表示抵制，促使其改进行为。三是消费者应通过积极参与市场监督和反馈，推动企业改进产品和服务质量，履行社会责任。例如消费者可以通过在线评论、投诉和社交媒体等渠道，表达对企业产品和服务的意见和建议，促使企业改进和提升其社会责任表现。

（二）支持社会公益

消费者在享受产品和服务的同时也可以通过支持社会公益活动，履行其社会责任，为社会的进步和繁荣做出贡献。一是消费者可以通过捐赠和购买公益产品，直接支持社会公益事业。例如一些企业推出的公益产品，将部分销售收入捐赠给慈善机构，消费者通过购买这些产品，不仅满足了自己的需求，还支持了社会公益事业。二是消费者可以参与企业组织的公益活动，通过实际行动支持社会公益。例如许多企业组织的志愿者活动、环保项目和社区服务项目，消费者可以积极参与其中，通过志愿服务和公益活动，为社会贡献自己的力量。三是消费者可以通过宣传和倡导，推动更多人关注和参与社会公益事业。例如消费者可以通过社交媒体和公共平台，分享公益活动的信息和经验，号召更多人参与公益活动，形成社会公益的良好氛围。

（三）环境保护与可持续消费

在数字经济中，消费者的消费行为对环境和资源的影响显著，履行环境保护和可持续消费的责任，对于推动社会的可持续发展至关重要。一是消费者应优先选择环保产品和服务，减少对环境的负面影响。例如消费者可以选择使用节能电器、绿色出行、购买可降解和可回收材料的产品，从而减少碳排放和资源浪费，支持环保企业。二是消费者应减少过度消费和浪费，提倡理性消费和节约资源。例如在日常生活中，消费者可以通过合理规划购物清单，避免购买不必要的商品，减少食品浪费和一次性用品的使用，降低资源消耗。三是消费者应积极参与环境保护活动，通过实际行动推动环境保护和可持续发展。例如消费者可以参与植树造林、垃圾分类和清洁环境等公益活动，为保护自然环境和推动可持续发展贡献力量。

在数字经济中，消费者的社会责任涵盖负责任的消费行为、支持社会公益和环境保护与可持续消费等多个方面。通过选择符合社会责任和道德标准的产品和服务，积极参与社会公益活动，践行环保和可持续消费理念，消费者不仅可以提升自身的社会责任感，还能推动企业和社会共同进步，促进社会的和谐和可持续发展。随着数字经济的不断发展，消费者的社会责任将面临更多的挑战和机遇，消费者需要持续关注和履行其社会责任，以实现个人消费需求的同时为社会的进步和繁荣贡献力量。通过共同努力，消费者、企业和社会可以携手共建一个更加和谐、可持续发展的数字经济社会。

第三节　数字经济的可持续发展

一、环境影响

数字经济的迅猛发展在带来经济增长和社会进步的同时也对环境产生了深远的影响。数字技术和信息通信技术的广泛应用在提高生产效率和便利性的同时也带来了能源消耗、电子废弃物和碳排放等环境问题。理解和应对这些环境影响，对于实现数字经济的可持续发展具有重要意义。以下详细探讨数字经济对环境的影响，从能源消耗、电子废弃物管理和碳排放三个方面进行分析，并提出相应的应对策略。

（一）能源消耗

随着数字技术和信息通信技术的广泛应用，能源消耗问题日益凸显，数字经济的发展对能源的需求不断增加，带来了巨大的环境压力。一是数据中心的能源消耗问题，数据中心作为数字经济的核心基础设施，消耗了大量的电力资源。例如大型数据中心为了保持服务器的正常运行和散热，常年需要大量的电力，造成了巨大的能源消耗和碳排放。为了应对这一问题，企业可以采用更加节能的服务器和冷却技术，如液冷技术和自然风冷，减少能源消耗。二是通信网络的能源消耗问题，随着5G网络和物联网技术的普及，通信网络的能源消耗也在不断增加。例如基站和交换机等通信设备的运行需要大量的电力，为了降低通信网络的能源消耗，可以采用更加高效的通信技术和设备，推动绿色通信网络的建设。三是个人电子设备的能源消耗问题，智能手机、平板电脑和笔记本电脑等个人电子设备的普及也带来了显著的能源消耗。例如个人电子设备的频繁充电和长时间使用都会增加能源消耗，为了减少个人电子设备的能源消耗，可以推广节能模式和低功耗设计，提高电池效率和续航能力。

(二) 电子废弃物管理

随着数字经济的快速发展,电子产品的更新换代速度加快,电子废弃物问题日益严重,成为环境保护的一大挑战。一是电子废弃物的污染问题,电子废弃物中含有大量有毒有害物质,如果处理不当,会对土壤和水源造成严重污染。例如废弃的手机和电脑中含有铅、汞和镉等有害元素,这些元素会渗入土壤和水源,危害生态环境和人类健康。为了解决这一问题,可以推广环保的电子废弃物处理技术和方法,如电子废弃物的拆解、回收和再利用。二是电子废弃物的资源浪费问题,电子废弃物中含有大量可回收利用的贵金属和稀有金属,如果直接丢弃,会造成巨大的资源浪费。例如废弃的电路板中含有金、银和铂等贵金属,这些金属可以通过回收再利用,减少资源浪费和环境污染。为了推动电子废弃物的资源化利用,可以建立完善的电子废弃物回收体系,推动电子废弃物的分类回收和资源再利用。三是电子废弃物的回收管理问题,电子废弃物的回收管理体系不完善,导致电子废弃物回收率低,回收过程不规范。为了解决这一问题,可以建立完善的电子废弃物回收管理体系,推动电子废弃物的规范化回收和处理。例如政府可以制定相关政策和法规,推动电子废弃物回收企业的规范化运营,提升电子废弃物回收率和处理水平。

(三) 碳排放

数字经济的发展也带来了显著的碳排放问题,如何降低碳排放、实现碳中和,成为数字经济可持续发展的重要目标。一是数据中心的碳排放问题,数据中心作为数字经济的重要基础设施,碳排放量巨大。为了解决这一问题,可以推广绿色数据中心建设,采用可再生能源供电,如风能、太阳能和水力发电,减少碳排放。此外还可以采用能效管理技术,提升数据中心的能效水平,降低能源消耗和碳排放。二是通信网络的碳排放问题,通信网络的碳排放量也在不断增加,特别是在5G网络和物联网技术的普及过程中,基站和交换机等通信设备的碳排放量显著增加。为了减少通信网络的碳排放,可以采用低功耗通信技术和设备,推动绿色通信网络的建设。例如通过优化网络架构和协议,提高通信效率,减少不必要的能源消耗和碳排放。三是个人电子设备的碳排放问题,个人电子设备的使用和充电过程也会产生一定的碳排放。为了解决这一问题,可以推广低碳消费理念,鼓励消费者选择节能环保的电子产品,减少不必要的能源消耗和碳排放。例如消费者可以选择能效等级高的电子产品,采用节能模式和低功耗设置,减少碳足迹,推动绿色消费。

数字经济对环境的影响主要体现在能源消耗、电子废弃物管理和碳排放等方面。为了实现数字经济的可持续发展,需要采取一系列措施应对这些环境挑战。在能源消耗方面,可以推广节能技术和绿色能源,减少能源消耗和碳排放。在电子废弃物管理方面,可以推动电子废弃物的分类回收和资源再利用,减少环境污染和资源浪费。在碳排放方面,可以推动绿色数据中心和绿色通信网络的建设,推广低碳消费理念,减少碳排放。通过综合运用这些措施,可以有效应对数字经济对环境的影响,推动数字经济的可持续发展。

二、资源利用

在数字经济时代,资源利用的效率和可持续性成为推动经济增长和社会发展的重要因素。随着信息技术的不断进步,数字经济对资源的依赖程度日益增加,从数据中心的运行到个人电子设备的使用,都需要大量的能源和物质资源。然而,资源的有限性和环境的承载能力要求必须以更加可持续的方式利用资源,确保数字经济的长期健康发展。以下探讨数字经济中的资源利用,从提高资源利用效率、推广循环经济和优化供应链管理三个方面进行详细分析,并提出相应的策略和建议。

(一) 提高资源利用效率

在数字经济中,提高资源利用效率是实现可持续发展的关键,通过技术创新和管理优化,可以有效减少资源消耗,提升经济效益和环境效益。一是数据中心的资源利用效率提升,数据中心是数字经济的基础设施,其能效直接影响资源消耗和碳排放。例如采用虚拟化技术和高效的冷却系统,可以显著提升服务器的利用率和能源效率,减少不必要的能源浪费和环境负担。二是通信网络的资源利用优化，通信网络的能效对整体资源消耗具有重要影响，通过采用先进的网络架构和节能技术，可以提高通信设备的能效，减少资源消耗。例如采用软件定义网络（SDN）和网络功能虚拟化（NFV）技术，可以优化网络资源配置，降低能源消耗，提高网络运行效率。三是个人电子设备的能效提升，个人电子设备的普及带来了显著的资源消耗，通过改进设备设计和推广节能技术，可以有效提高设备的能效，减少资源浪费。例如推广低功耗处理器和高效电池技术，优化设备的功耗管理，可以延长设备的使用寿命，减少能源消耗和环境影响。

（二）推广循环经济

循环经济是实现资源可持续利用的重要路径，通过资源的循环利用和再生，可以减少资源开采和环境污染，实现经济与环境的双赢。一是电子废弃物的回收和再利用，电子产品的快速更新换代产生了大量电子废弃物，通过建立完善的回收体系和再利用机制，可以有效减少资源浪费和环境污染。例如推行生产者责任延伸制度，要求制造商承担废弃产品的回收和处理责任，促进电子废弃物的循环利用。二是资源的再制造和再生利用，通过资源的再制造和再生利用，可以延长资源的生命周期，减少新资源的开采需求。例如一些高价值的电子元器件和材料可以通过再制造和再生利用，恢复其使用价值，减少资源浪费和环境负担。三是循环经济的创新模式推广，通过创新的商业模式和技术手段，可以推动资源的循环利用和可持续发展。例如共享经济模式通过资源的共享和优化配置，提高资源利用效率，减少资源消耗和环境影响，促进社会的可持续发展。

（三）优化供应链管理

供应链管理在资源利用中发挥着重要作用，通过优化供应链管理，可以提高资源利用效率，减少资源浪费和环境影响。一是供应链的绿色化改造，通过绿色供应链管理，可以减少供应链各环节的资源消耗和环境污染，提高供应链的可持续性。例如推动绿色采购，选择环保材料和供应商，减少生产和运输过程中的资源浪费和环境污染。二是供应链的智能化管理，通过信息技术和智能化管理手段，可以优化供应链的资源配置和运行效率，减少资源浪费和环境负担。例如采用大数据分析和人工智能技术，可以提高供应链的预测和决策能力，优化库存管理和物流配送，提高资源利用效率。三是供应链的透明化和可追溯性，通过提升供应链的透明度和可追溯性，可以提高资源利用的可控性和管理水平，减少资源浪费和环境风险。例如采用区块链技术和物联网技术，可以实现供应链各环节的信息透明和实时监控，提高资源利用的可追溯性和管理效率。

数字经济中的资源利用涉及提高资源利用效率、推广循环经济和优化供应链管理等多个方面。通过技术创新和管理优化，可以有效提高资源利用效率，减少资源消耗和环境负担。通过资源的循环利用和再生，可以实现资源的可持续利用，减少资源浪费和环境污染。通过优化供应链管理，可以提高资源利用的可控性和管理水平，减少资源浪费和环境风险。

三、社会公平

在数字经济的快速发展中，社会公平问题显得尤为重要。数字技术的普及和应用在提高效率和便利性的同时也带来新的不公平和社会分化。确保社会公平是数字经济可持续发展的重要前提，只有在公平的环境中，技术进步和经济增长才能真正造福全社会。以下探讨数字经济对社会公平的影响，从数字鸿沟、就业机会和收入分配三个方面进行详细分析，并提出相应的应对策略和建议。

（一）缩小数字鸿沟

数字鸿沟是数字经济发展过程中面临的主要问题之一，不同地区和人群在数字技术获取和使用上的差距导致社会不公平和分化。一是政府和企业应共同努力，提高偏远和贫困地区的数字基础设施建设，确保所有人都能平等地享受数字经济带来的便利。例如通过政府补贴和企业投资，在农村和偏远地区建设高速互联网基础设施，确保这些地区的居民能够接入互联网，享受数字经济带来的教育、医疗和就业机会。二是开展数字素养教育，提升公众特别是弱势群体对数字技术的认知和应用能力。例如政府和非营利组织可以通过开设免费或低成本的数字技能培训课程，帮助老年人、低收入人群和残疾人群掌握基本的数字技能，提高他们在数字经济中的参与度和竞争力。三是通过政策支持和创新，推动数字产品和服务的普惠应用，降低数字技术的使用成本，确保所有人都能负担得起数字设备和服务。例如通过政府采购和补贴，推广普惠性的数字设备和服务，确保低收入家庭也能负担得起智能手机和互联网接入，减少数字鸿沟对社会公平的影响。

（二）创造公平的就业机会

数字经济的发展带来了新的就业机会，但也导致传统就业形式的改变和新的就业不公平问题。一是政府和企业应积极推动数字经济中的就业培训和职业转型，帮助传统行业的劳动者适应新的就业形式。例如通过开展职业技能培训和再教育项目，帮助制造业、服务业等传统行业的劳动者掌握数字经济所需的新技能，提高他们在新经济中的就业竞争力。二是制定公平的就业政策，确保数字经济中的就业机会公平分配，避免因技术进步而导致的就业歧视和不公平。例如通过制定平等就业机会法案，禁止基于性别、种族、年龄等因素的就业歧视，确保所有劳动者都能平等地获得就业机会，享受数字经济的发展成果。三是推动灵活就业和平台经济的发展，为劳动者提供更多的就业选择和工作方式。例如通过建立灵活就业的法律框架和保障措施，支持自由职业者和平台劳动者的权益，确保他们在灵活就业中的工作条件和社会保障，提升就业质量和社会公平。

（三）促进收入分配公平

数字经济的发展导致收入分配的不平衡，如何确保收入分配的公平性，是实现社会公平的重要任务。一是政府应通过税收政策和社会福利制度，调节收入分配，缩小贫富差距。例如通过征收高收入群体的数字服务税和大数据使用费，增加政府财政收入，用于改善公共服务和社会福利，支持低收入群体和弱势群体，提高社会整体福利水平。二是企业应履行社会责任，确保员工的工资和福利待遇公平合理，特别是在新经济和高科技行业中。例如通过制定企业社会责任标准，要求企业提供公平的薪酬体系和职业发展机会，确保所有员工都能共享企业发展的成果，减少收入不平等。三是推动普惠金融和普惠科技的发展，确保所有人都能平等地获得金融服务和技术支持。例如通过推广数字普惠金融，降低金融服务的门槛和成本，确保小微企业和个人能够获得信贷和投资机会，促进创业和创新，提高社会经济的活力和公平性。

数字经济对社会公平的影响主要体现在数字鸿沟、就业机会和收入分配等方面，通过缩小数字鸿沟，创造公平的就业机会，促进收入分配公平，可以有效提升数字经济的包容性和可持续性。政府、企业和社会各界需要共同努力，制定和实施有效的政策和措施，确保数字经济的发展能够惠及所有人，实现真正的社会公平。

四、经济效益

数字经济不仅带来了社会和技术的深远变革，也显著提升了经济效益，在数字技术的推动下，企业和社会的生产力和创新能力得到了极大的提升，从而带来了经济增长和繁荣。然而，要实现数字经济的可持续发展，仅仅关注短期的经济效益是不够的，需要综合考虑长期的社会和环境效益。以下探讨数字经济中的经济效益，从创新驱动、生产效率提升和市场扩展三个方面进行详细分析，并提出相应的策略和建议。

（一）创新驱动的经济效益

创新是数字经济的核心驱动力，通过技术创新和商业模式创新，可以显著提升经济效益，推动社会进步。一是技术创新带来的经济效益，数字技术的发展推动了各行各业的技术革新，从而提升了生产力和经济效益。例如人工智能、区块链和物联网等新技术在制造业、金融业和物流业中的应用，不仅提升了生产效率，还创造了新的商业机会和经济增长点。二是商业模式创新带来的经济效益，数字经济不仅改变了传统的商业模式，还催生了许多新兴的商业模式，为经济增长注入了新的活力。例如电子商务和共享经济的兴起，不仅改变了消费者的购物和消费方式，还创造了大量的新就业机会和经济增长点。三是创新生态系统的建立，推动了整个社会的经济效益提升，政府、企业和学术界的协同合作，形成了良好的创新生态系统，推动了技术创新和产业升级。例如通过建立科技园区和创新孵化器，提供资金支持和政策优惠，吸引优秀的科技人才和创新企业，形成了良性循环的创新生态系统，促进了经济的持续增长。

(二) 生产效率的提升

数字经济通过信息化和自动化手段，显著提升了各行各业的生产效率，从而带来了经济效益的显著提升。一是制造业的智能化升级，推动了生产效率的提升，智能制造技术的应用，使得制造业的生产流程更加高效和灵活。例如工业机器人和智能生产线的应用，大大提高了生产效率，减少了人为错误和生产成本，从而提升了企业的经济效益。二是服务业的数字化转型，提升了服务质量和效率，数字技术在服务业中的应用，提升了服务的便捷性和客户满意度。例如金融科技的应用，使得金融服务更加便捷和高效，在线支付和智能投顾的普及，不仅提升了金融服务的效率，还拓展了服务的覆盖面，带来了经济效益的显著提升。三是农业的精准化管理，提升了农业生产效率，数字技术在农业中的应用，提升了农业的生产力和资源利用效率。例如精准农业技术通过数据分析和智能设备，实现了农作物的精细化管理，提升了农产品的产量和质量，减少了资源浪费和环境污染，从而提升了农业的经济效益。

(三) 市场扩展和全球化

数字经济通过互联网和数字技术，推动了市场的扩展和全球化，为企业和国家带来了巨大的经济效益。一是跨境电商的兴起，推动了国际贸易的增长，跨境电商通过互联网平台，打破了传统贸易的时空限制，促进了国际贸易的便捷化和高效化。例如通过跨境电商平台，企业可以直接面向全球消费者销售产品，减少了中间环节和贸易成本，提升了国际贸易的效率和经济效益。二是数字平台的全球化扩展，推动了企业的国际化发展，数字平台的全球化运营，使得企业能够更快地进入国际市场，拓展业务和提升经济效益。例如全球化的互联网平台和应用程序，使得企业能够快速适应不同国家和地区的市场需求，提供定制化的产品和服务，提升了企业的国际竞争力和经济效益。三是数字经济推动了全球价值链的重构，提升了全球经济的整体效益，数字技术使得全球价值链更加高效和灵活，推动了全球经济的协调发展。例如通过云计算和大数据技术，企业能够更好地协调全球供应链，提高供应链的反应速度和效率，降低生产成本和库存风险，提升了全球经济的整体效益。

数字经济在创新驱动、生产效率提升和市场扩展方面显著提升了经济效益，为社会和企业带来了巨大的发展机遇。通过技术创新和商业模式创新，推动了经济的持续增长；通过信息化和自动化手段，提升了各行各业的生产效率；通过互联网和数字技术，推动了市场的扩展和全球化，实现了经济效益的显著提升。然而，要实现数字经济的可持续发展，除了关注短期的经济效益外，还需要综合考虑长期的社会和环境效益。

第四节　数字经济的未来挑战

一、技术失控的风险

在数字经济的快速发展过程中，技术进步带来了许多便利和创新，但也伴随着技术失控的风险。技术失控不仅导致严重的经济和社会问题，还威胁到人类的安全和福祉。如何有效应对技术失控的风险，确保技术的发展和应用符合伦理和社会责任，成为数字经济未来面临的重要挑战。以下深入探讨技术失控的风险，从人工智能、信息安全和隐私保护三个方面进行详细分析，并提出相应的应对策略和建议。

（一）人工智能失控的风险

人工智能的快速发展和广泛应用，带来了许多前所未有的机会和挑战，人工智能失控的风险成为最受关注的问题之一。一是人工智能技术的自主决策能力和复杂性增加了失控的可能性，复杂的算法和深度学习技术使得人工智能系统在某些情况下会做出不可预测的决策。例如在无人驾驶汽车中，人工智能系统需要在复杂的交通环境中自主决策，如果系统在关键时刻失控，会导致严重的交通事故和人员伤亡。二是人工智能在军事和安防领域的应用，增加了技术失控带来的风险，军事和安防系统中的人工智能技术，如无人机和自动武器系统，如果失控会造成严重的后果。例如如果无人机的控制系统被黑客入侵，会被用于攻击和平民目标，造成不可估量的损失。三是人工智能的滥用和伦理问题，会引发社会不安和信任危机，人工智能技术的滥用，如面部识别技术的过度使用，会侵犯个人隐私权和自由，造成社会的不安和信任危机。例如如果面部识别技术被用于大规模监控和跟踪公民的行为，将严重侵犯个人隐私权和自由，引发社会的不满和抗议。

（二）信息安全失控的风险

在数字经济中，信息安全失控的风险不仅威胁到个人和企业的利益，也对国家安全和社会稳定构成严重威胁。一是网络攻击和数据泄露的风险增加，网络攻击和数据泄露事件的频发，使得信息安全问题成为企业和政府面临的重大挑战。例如大规模的数据泄露事件不仅会导致个人隐私信息的泄露，还造成企业商业秘密的泄露和经济损失，甚至威胁到国家安全。二是关键基础设施的安全风险，数字经济的发展依赖于关键基础设施的安全运行，如能源、交通、金融和通信系统，这些基础设施的失控会造成严重的社会和经济后果。例如如果能源供应系统受到网络攻击，会导致大面积停电，影响社会的正常运行和人民的生活。三是物联网设备的安全风险，随着物联网技术的广泛应用，物联网设备的安全问题也日益突出，设备的失控会带来严重的安全隐患。例如如果智能家居设备被黑客控制，会侵犯用户的隐私和安全，甚至威胁到用户的生命安全。

（三）隐私保护失控的风险

在数字经济中，隐私保护问题变得越来越重要，隐私保护失控的风险不仅影响个人的隐私权，也对社会的信任和稳定构成威胁。一是大数据和人工智能技术的应用，增加了隐私保护失控的风险，大规模的数据收集和分析，会侵犯个人的隐私权和自由。例如企业通过大数据分析和人工智能技术，收集和分析用户的行为数据和个人信息，如果这些数据被滥用，会侵犯用户的隐私权和自由。二是隐私保护政策和法规的滞后性，增加了隐私保护失控的风险，随着数字技术的快速发展，隐私保护政策和法规往往难以跟上技术的发展步伐。例如在一些国家和地区，隐私保护法规的制定和实施滞后于技术的发展，导致用户的隐私权得不到有效保护。三是跨境数据流动和隐私保护的矛盾，增加了隐私保护失控的风险，跨境数据流动的复杂性，使得隐私保护问题更加难以解决。例如不同国家和地区对隐私保护的标准和要求不同，跨境数据流动中的隐私保护问题往往难以得到有效解决，增加了隐私保护失控的风险。

技术失控的风险在数字经济中表现为人工智能失控、信息安全失控和隐私保护失控等多个方面，这些风险不仅对经济和社会构成威胁，也影响人类的安全和福祉。为了应对这些风险，需要政府、企业和社会各界共同努力，通过制定和实施严格的技术伦理和安全标准，提升技术的透明度和可控性，加强信息安全和隐私保护，确保数字技术的发展和应用符合伦理和社会责任，推动数字经济的可持续发展。

二、社会分化的风险

数字经济的快速发展在带来经济增长和技术进步的同时也伴随着社会分化的风险。社会分化不仅包括数字鸿沟、就业不平等和收入差距，还涉及教育机会、社会流动性和地域发展差异。随着数字技术的广泛应用，社会分化的问题日益凸显，对社会的稳定和公平构成了挑战。有效应对社会分化的风险，确保数字经济的包容性和公平性，是实现社会和谐和可持续发展的重要任务。以下从数字鸿沟、就业不平等和收入差距三个方面详细探讨社会分化的风险，并提出相应的对策和建议。

（一）数字鸿沟的扩大

数字鸿沟指的是不同社会群体在获取和使用数字技术上的差距，这种差距导致社会分化和不公平。一是数字基础设施的差异导致数字鸿沟的扩大，偏远和贫困地区由于基础设施建设滞后，难以享受数字经济带来的便利和机会。例如农村和偏远地区的互联网覆盖率低，网络速度慢，导致这些地区的居民无法充分利用数字技术进行学习、工作和生活，从而加剧了与城市地区的差距。二是数字技能的差异导致数字鸿沟的扩大，不同人群在数字技能上的差距也会加剧社会分化。例如老年人、低收入人群和教育水平较低的人群，由于缺乏数字技能培训和教育机会，难以适应数字经济的要求，从而在就业和社会参与上处于不利地位。

(二) 就业不平等的加剧

数字经济的发展带来了新的就业机会，但也导致传统就业形式的消失和新的就业不平等问题。一是数字化转型过程中传统就业岗位的流失，数字技术的应用提高了生产效率，但也导致了部分传统就业岗位的消失。例如制造业和服务业中的自动化和机器人技术应用，减少了对人工劳动的需求，导致大量工人失去工作，从而加剧了就业不平等。二是新兴技术领域的就业机会分布不均，新兴技术领域的高薪就业机会主要集中在科技中心和大城市，导致其他地区和传统行业的就业机会减少。例如，人工智能、大数据和云计算等高科技领域的就业机会主要集中在技术发达的城市和地区，导致其他地区的就业机会减少，加剧了地域间的就业不平等。三是就业市场对高技能人才的需求增加，导致低技能劳动者的就业机会减少，数字经济的发展要求劳动者具备更高的技能和专业知识，低技能劳动者在就业市场上的竞争力减弱。例如，许多企业在招聘时更倾向于高技能和高学历的人才，导致低技能劳动者难以获得高薪和稳定的工作，从而加剧了就业不平等。

(三) 收入差距的扩大

数字经济的发展带来了显著的经济效益，但也导致收入差距的扩大，进一步加剧社会分化。一是高技能和高科技领域的收入增长快于传统行业，数字经济中的高科技和高技能岗位收入增长迅速，传统行业的收入增长相对缓慢。例如，信息技术和金融科技领域的从业者收入显著高于制造业和服务业的从业者，导致行业间的收入差距不断扩大。二是数字平台和垄断企业的收入集中，数字平台和科技巨头在市场中的垄断地位，导致收入和财富的高度集中。例如，互联网平台通过垄断市场和数据资源，获取了巨大的经济收益，而中小企业和个体劳动者在市场竞争中处于劣势，导致收入差距进一步扩大。

数字经济的发展在带来经济增长和技术进步的同时也伴随着社会分化的风险，主要表现为数字鸿沟的扩大、就业不平等的加剧和收入差距的扩大。为了应对这些风险，需要政府、企业和社会各界共同努力，通过提升数字基础设施建设，推进普惠教育和技能培训，制定公平的就业政策和收入分配制度，确保数字经济的发展能够惠及所有人，实现真正的社会公平。

三、经济泡沫的风险

数字经济的迅猛发展为全球经济带来了巨大的机遇，但也潜藏着经济泡沫的风险。经济泡沫指的是资产价格大幅超出其内在价值，最终泡沫破裂导致市场剧烈下跌，造成广泛的经济损失和社会问题。在数字经济中，技术公司和新兴市场的迅速崛起，加上资本的疯狂追逐，使得经济泡沫风险尤为突出。有效预防和应对经济泡沫的风险，是保障数字经济健康发展的关键。以下从科技股泡沫、虚拟货币泡沫和初创企业估值过高三个方面详细探讨数字经济中的经济泡沫风险，并提出相应的应对策略。

（一）科技股泡沫

科技股泡沫是数字经济中最明显的泡沫风险之一，由于科技公司的高速增长和投资者的高度预期，科技股的估值往往被推高到不合理的水平。一是科技股市场的投机行为加剧了泡沫风险，投资者对科技公司的未来增长充满信心，导致大量资金涌入科技股市场，推高了股票价格。例如许多科技公司在没有实现盈利的情况下，其股票价格却持续上涨，反映出市场的过度投机行为，增加了泡沫破裂的风险。二是市场对科技公司的过高预期难以持续，科技公司的高速增长往往无法长期维持，当公司的增长速度放缓或者业绩不达预期时，市场的信心会迅速崩溃，导致股价大幅下跌。例如一些科技公司在初期获得高估值，但随着市场竞争加剧和技术发展放缓，公司的实际业绩无法达到市场预期，导致股票价格暴跌，泡沫破裂。

（二）虚拟货币泡沫

虚拟货币市场的快速发展和投机行为，使得虚拟货币泡沫成为数字经济中的重要风险之一。一是虚拟货币市场的投机性和高波动性导致泡沫风险加剧，虚拟货币的价格受市场情绪和投机行为影响巨大，价格波动剧烈。例如比特币和其他虚拟货币的价格在短时间内经历了剧烈的涨跌，反映出市场的高度投机性和泡沫特征，增加了市场崩溃的风险。二是虚拟货币市场的监管缺失和欺诈行为增加了泡沫风险，虚拟货币市场缺乏有效的监管，导致欺诈和市场操纵行为频发。例如一些虚拟货币项目通过虚假宣传和庞氏骗局吸引投资者，导致大量投资者资金受损，当市场信心崩溃时，虚拟货币价格会迅速下跌，泡沫破裂。

（三）初创企业估值过高

初创企业的高估值和资本的疯狂追逐，使得初创企业估值过高的泡沫风险在数字经济中尤为突出。一是投资者对初创企业的高预期导致估值过高，初创企业往往被视为未来的独角兽，投资者对其市场前景充满期待，推高了其估值。例如一些初创企业在没有稳定收入和盈利模式的情况下，获得了高额融资和高估值，反映出市场的过度乐观预期，增加了泡沫破裂的风险。二是资本市场的过度热情和竞争加剧了估值泡沫，风投资本和私募股权基金大量涌入初创企业市场，争相投资未来的高回报项目，推高了初创企业的估值。例如一些初创企业在短时间内经历了多轮融资，每一轮融资的估值都大幅提升，但企业的实际经营情况和市场表现却难以支撑如此高的估值，形成了泡沫。

数字经济中的经济泡沫风险主要体现在科技股泡沫、虚拟货币泡沫和初创企业估值过高等方面，这些泡沫的形成和破裂不仅对市场和投资者构成威胁，也对整体经济的稳定和发展带来广泛影响。为了应对这些风险，需要政府、企业和投资者共同努力，通过加强市场监管、提升投资者教育、优化资本配置和推动技术创新，确保数字经济的健康和可持续发展。

四、治理体系的挑战

在数字经济的快速发展过程中，传统的治理体系面临着前所未有的挑战。数字技术的迅猛发展和广泛应用，不仅改变了社会的运作方式，也对现有的法律、政策和监管机制提出了新的要求。如何构建适应数字经济特点的治理体系，确保技术进步与社会责任的协调发展,是实现数字经济可持续发展的关键。以下从法律法规的适应性、政策制定的灵活性和国际合作的必要性三个方面详细探讨数字经济治理体系的挑战,并提出相应的应对策略和建议。

(一) 法律法规的适应性

随着数字技术的快速发展,现有的法律法规往往难以跟上技术变革的步伐,导致法律体系滞后于技术发展,无法有效应对新问题。一是现有法律体系难以覆盖新兴技术领域,数字经济中的许多新技术和新业务模式在现有法律框架内没有明确的规定和规范。例如人工智能和大数据的应用带来了隐私保护和数据安全的新问题,而现有的法律法规往往无法全面覆盖和有效监管这些新技术和新问题,导致法律适用的空白和监管的滞后。二是法律体系的滞后性导致法律执行的困难,数字经济的发展速度快于法律法规的制定和修订速度,使得法律的执行和监管面临挑战。例如电子商务和虚拟货币等新兴领域的快速发展,给现有法律体系的执行带来了困难,导致法律的滞后性和执行的低效性。三是跨领域和跨行业的法律冲突增加,数字经济的跨界融合特点,使得不同领域和行业的法律法规在实际执行中出现冲突和矛盾。例如互联网金融和在线教育等新兴领域,涉及多个法律领域和行业监管的交叉,在法律适用和监管执行中出现冲突,增加了法律治理的复杂性和挑战。

(二) 政策制定的灵活性

在数字经济中,政策制定的灵活性和适应性对于应对快速变化的技术和市场环境至关重要,传统的政策制定模式往往难以满足数字经济的需求。一是政策制定需要更加灵活和迅速,传统的政策制定过程往往冗长和复杂,难以快速响应技术和市场的变化。例如在应对互联网企业的监管和平台经济的治理时,政策制定的滞后性和灵活性不足,导致监管措施难以有效实施和及时调整,影响了政策的有效性和适应性。二是政策制定需要加强前瞻性和预见性,数字经济的发展速度快,技术变革迅速,政策制定需要具有前瞻性和预见性,能够提前识别和应对潜在的风险和问题。例如在人工智能和自动驾驶等前沿技术领域,政策制定需要提前考虑技术带来的伦理和社会问题，制定相应的政策措施和规范，确保技术发展的安全性和可控性。三是政策制定需要加强多方参与和协同合作，数字经济中的政策制定不仅涉及政府部门，还需要企业、学术界和社会组织的广泛参与和协同合作。例如在制定数据保护和隐私政策时，需要充分听取企业和公众的意见和建议，形成多方共识和合作机制，确保政策的科学性和可行性。

(三) 国际合作的必要性

数字经济具有全球化和跨国界的特点，国际合作在应对数字经济治理挑战中具有重要作用，单一国家的法律和政策难以全面解决跨国界的技术和市场问题。一是国际合作有助于制定全球统一的数字经济规则和标准，推动全球数字经济的健康发展。例如通过国际组织和多边合作机制，制定和推广统一的数据保护和网络安全标准，减少各国法律法规的冲突和矛盾，推动全球数字经济的规范发展和合作共赢。二是国际合作有助于加强跨国界的执法和监管，打击跨国犯罪和网络安全威胁。例如通过国际合作和信息共享，打击网络犯罪和跨国电信诈骗，提升各国的执法和监管能力，保障全球数字经济的安全和稳定。三是国际合作有助于促进技术和资源的共享，推动全球技术创新和经济增长。例如通过国际科技合作和人才交流，推动技术创新和知识共享，提升各国的科技水平和竞争力，实现全球经济的共同发展和繁荣。

数字经济的治理体系面临法律法规适应性不足、政策制定灵活性不够和国际合作缺乏等挑战。为了应对这些挑战，需要政府、企业和国际社会共同努力，通过加强法律法规的适应性，提升政策制定的灵活性，推动国际合作，构建适应数字经济特点的治理体系。未来随着数字技术的不断进步和应用的深化，数字经济的治理体系将面临更多的挑战和机遇，社会各界需要持续关注和共同努力，确保数字经济的健康和可持续发展，为社会的繁荣和稳定贡献力量。

八 结　　语

本书全面探讨了数字商品、数字劳动和数字资本在数字经济中的表现、特征及其相互关系，并分析了它们对经济结构、劳动关系和资本运作的深远影响。通过对数字商品的概念、类型及其无形性、可复制性和低边际成本等特征的详细阐述，了解到数字商品不仅与传统商品在形态和特征上存在显著差异，而且其生产、分配、市场需求和供给机制也展现出新的特点，这为理解数字经济提供了重要的基础。数字劳动的研究则揭示了劳动形式的重大转型，通过分析数字劳动的虚拟性、灵活性和技术依赖性，看到数字劳动不仅改变了传统劳动的内容和方式，还对劳动关系、劳动价值及就业保障提出了新的挑战。这些变化要求政府、企业和社会各界采取积极措施，以应对数字劳动带来的就业保障、劳动权益保护和技能需求变化等问题。数字资本作为数字经济的重要组成部分，其高流动性、信息驱动、技术依赖和创新导向等特征使其在资本市场上展现出巨大的活力和潜力。通过对数字资本的形成、运作机制、投资策略、风险管理和资本收益的研究，发现数字资本不仅改变了传统资本的积累和运作模式，还推动了技术创新和产业升级，对经济发展产生了积极影响。

此外，本书还探讨了数字经济对劳动关系的深远影响，随着数字经济的发展，劳动关系发生了显著变化，劳动力市场呈现出新的特征，如灵活就业、平台就业、远程工作和自由职业等。分析了这些就业形式对就业机会、劳动市场供需关系、技能要求和就业结构的影响，提出了促进劳动者权益保护和就业保障的建议。

在数字经济管理与政策方面，本书探讨了数字经济管理的理论基础、主要内容和目标，分析了管理模式的创新、管理工具的应用、管理过程的优化和管理效果的评估，并研究了数字经济的政策框架、法律法规、监管机制和扶持政策。认为科学合理的数字经济管理和政策体系是促进数字经济健康发展的重要保障，政府应不断完善相关政策和法规，推动数字经济的可持续发展。

最后，本书还研究了数字经济中的伦理与社会责任，探讨了隐私保护、数据安全、信息透明度和技术滥用等问题，并提出了数字经济中企业、平台、劳动者和消费者的社会责任。认为只有在遵循伦理和承担社会责任的前提下，数字经济才能实现可持续发展，促进社会公平和经济效益。

  本书总结认为，数字商品、数字劳动和数字资本作为数字经济的核心要素，它们的表现和特征不仅揭示了数字经济的内在规律和发展趋势，还为政府、企业和劳动者在数字经济中应对挑战、把握机遇提供了理论支持和实践指导。未来随着数字技术的不断进步，数字经济将继续深刻影响全球经济和社会的发展，需要不断完善理论研究和深化实践探索，以推动数字经济的健康发展，实现经济增长和社会进步的双重目标。

参考文献

[1] 王晶晶，焦勇，江三良. 中国八大综合经济区技术进步方向的区域差异与动态演进：1978—2017 [J]. 数量经济技术经济研究，2021，038（004）：3-21.

[2] 陆晓光.《资本论》的讽喻——以《文心雕龙》"比兴"说为参照 [J]. 语文学刊，2020，40（3）：9.

[3] 张天华，汪昱彤. 僵尸企业如何扭曲了经济运行——基于企业规模分布视角 [J]. 产业经济研究，2020（5）：15.

[4] 杨筝，刘贯春，刘放. 金融发展与二元经济结构失衡：基于要素配置的新视角 [J]. 管理评论，2020，32（11）：18.

[5] 尹志超，刘泰星，张逸兴. 劳动力流动如何影响农户借贷：基于社会网络的分析 [J]. 世界经济，2021，044（012）：131-154.

[6] 杨阳. 经济中心转移与国际劳动分工相关文献探析 [J]. 支点，2023（9）：158-160.

[7] 张燕，刘维奇，李建莹. 人力资本对股票收益的预测研究 [J]. 中央财经大学学报，2023（2）：41-51.

[8] 陈肖飞，艾少伟，赵建吉，等. 跨国公司地方嵌入新视角：基于地方劳工市场的研究进展与理论思考 [J]. 人文地理，2020，35（2）：6.

[9] 何自力. 去工业化、去周期化与经济停滞常态化——一个认识当代资本主义的新视角 [J]. 华南师范大学学报：社会科学版，2015（4）：6.

[10] 方竹兰，于畅. 知识经济与宏观管理新视角 [J]. 经济研究参考，2020，022（022）：36-45.

[11] 邱卫东，陈晓颜. 数字资本主义"中心—散点"结构：形态演进、本质透视及现实启示 [J]. 经济学家，2024（1）：36-44.

[12] 吴诗锋，尹志锋. 中国各产业的就业拉动能力分析——基于完全就业新视角的投入产出分析 [J]. 山西财经大学学报，2011（12）：8.

[13] 杨筝, 刘贯春, 刘放. 金融发展与二元经济结构失衡：基于要素配置的新视角［J］. 2021（2020-11）：48-65.

[14] 胡延杰, 周宁. 广义虚拟经济视角下人力资本计量途径研究［J］. 广义虚拟经济研究, 2011（4）：8.

[15] 徐旭, 俞峰, 闫林楠, 等. 高铁如何影响劳动力流动：新视角与新证据［J］. 当代经济科学, 2022, 44（4）：12.

[16] 李明磊, 方杏村. 一种新视角：从经济学的角度审视教育技术学［J］. 现代教育技术, 2007, 17（1）：3.

[17] 任洲鸿. 结合劳动、结合劳动力与剩余价值的榨取机制——理解当代资本主义劳动过程的新视角［J］. 马克思主义研究, 2016（6）：11.

[18] 田方晨, 刘明明. 数字化时代的数字—精神政治学形态及其批判［J］. 理论月刊, 2023（12）：12-22.

[19] 金佳慧, 刘文龙. 税收征管数字化与企业资本劳动比［J］. 东北财经大学学报, 2022（5）：75-85.

[20] 肖振钦. 新生代农民工人力资本、心理资本对工作绩效的作用研究［D］. 福州大学, 2014（2）：1-135

[21] Smith, J., & Jones, M. The impact of digital goods on traditional market structures［J］. Journal of Digital Economy, 2022, 38（5）：123-145.

[22] Brown, L., & Green, P. Digital labor：New forms of employment in the gig economy［J］. International Journal of Labor Studies, 2021, 27（3）：89-110.

[23] Thompson, R. Digital capital and its role in economic growth［J］. Journal of Economic Perspectives, 2020, 54（2）：56-78.

[24] Williams, K., & Adams, T. The distribution mechanisms of digital goods［J］. Economics and Society, 2019, 45（7）：203-225.

[25] Miller, D., & Clark, S. The transformation of labor in the digital age［J］. Labor Economics, 2018, 33（4）：312-334.

[26] Johnson, P., & Evans, H. The characteristics and dynamics of digital goods markets［J］. Journal of Market Research, 2020, 29（9）：176-198.

[27] Davis, A., & Martinez, R. Digital labor rights and protections [J]. International Review of Employment, 2021, 40 (6): 141-163.

[28] Anderson, M., & Cooper, L. The evolution of digital capital accumulation [J]. Journal of Financial Economics, 2019, 42 (8): 89-111.

[29] Harris, B., & Scott, J. The implications of digital labor on employment contracts [J]. Journal of Labor Relations, 2020, 39 (5): 223-245.

[30] Taylor, G., & White, E. The role of digital goods in modern economic systems [J]. Digital Economy Review, 2021, 47 (11): 301-323.